双一流建设背景下地方高校治理体系现代化研究

刘冬冬 著

吉林出版集团股份有限公司

图书在版编目（CIP）数据

双一流建设背景下地方高校治理体系现代化研究／
刘冬冬著. －－ 长春：吉林出版集团股份有限公司，
2022.3
ISBN 978 - 7 - 5731 - 1157 - 9

Ⅰ. ①双… Ⅱ. ①刘… Ⅲ. ①地方高校 – 高校管理 –
现代化管理 – 研究 Ⅳ. ①G647

中国版本图书馆 CIP 数据核字（2021）第 281356 号

SHUANGYILIU JIANSHE BEIJING XIA DIFANG GAOXIAO ZHILI TIXI XIANDAIHUA YANJIU
双一流建设背景下地方高校治理体系现代化研究

编　　著：刘冬冬
出版策划：齐　郁
责任编辑：杨　蕊
装帧设计：万典文化
出　　版：吉林出版集团股份有限公司
（长春市福祉大路 5788 号，邮政编码：130118）
发　　行：吉林出版集团译文图书经营有限公司
　　　　　（http://shop34896900.taobao.com）

印　　刷：长春市昌信电脑图文制作有限公司
开　　本：787 mm×1092 mm　1/16
印　　张：10
字　　数：210千字
版　　次：2022 年 3 月第 1 版
印　　次：2022 年 3 月第 1 次印刷
书　　号：ISBN978-7-5731-1157-9
定　　价：60.00元

前　言

统筹推进世界一流大学和一流学科建设，实现我国从高等教育大国到高等教育强国的历史性跨越，把握世界创新经济发展的新形势和全球高等教育发展格局的新变化，高瞻远瞩、审时度势做出的重大战略决策，必将为提升我国高等教育发展水平、增强国家核心竞争力奠定长远发展基础。

在我国高等教育迈入大众化阶段之后，仍然固守着精英教育时代单一的学术型人才培养模式，忘却了大众化时代高等教育多元化使命，特别是地方高校。

高校传统的基层学术组织的结构和运行模式已无法适应高等教育发展的需要，高校的基层学术组织建设已成为影响高校乃至整个高等教育系统良性运行的关键，应以基层学术组织的变革和改进为契机改革高校内部管理体制。地方高校主要为地方区域经济和社会发展培养高素质应用型人才。

地方高校治理体系是以先进的治理理念为指导，在高校治理主体多元参与、彼此协商和平等对话的基础上，通过运用合理有效的治理方式和途径，来规约高校治理主体的行为和权力，以及参与并解决高校公共事务与公共问题，从而最终实现高校"善治"和高等教育现代化目标的一系列机制体制、制度的总称。从构成要素来看，地方高校治理体系其实际上包括了治理理念、治理主体、治理方式、治理目标、治理机制体制、治理制度等不同要素组成的治理框架系统。

现代化是一个具有包容性的词汇，是一个由传统向现代不断持续变革、跨越和发展的动态过程，其基本内涵是"转变"和"变迁"。所以地方高校治理体系现代化是一个不断丰富、发展和实现地方高校治理理念现代化、治理主体现代化、治理方式现代化、治理机制体制现代化、治理制度现代化的过程，其本质上是探究地方高校如何从"管理"传统样态向"治理"现代形态不断持续转变的过程。

随着"双一流"建设方案的提出与实施，为优化地方高校治理体系，实现地方高校跨越式发展提供新的发展机遇。具体表现为：一方面打破原有的身份固化，积极推进地方高校治理体系改革；另一方面引入公平竞争机制，为实现地方高校治理体系现代化提供资源支持。

在推进高校治理体系现代化过程中，面临着治理理念、治理主体结构、治理方式、治理制度和治理机制等方面的困境，这就需要通过树立"共治"、"协治"、"善治"治理理念，优化地方高校内外部治理结构，采取法治的治理范式，构建地方高校治理制度保障体系，健全地方高校治理机制等措施对其困境进行破解。

创业教育是使受教育者能够在社会经济、文化、政治领域内进行创新，开辟或拓展新的发展空间，并为他人和社会提供机遇的探索性行为的教育活动。我国的创业教育刚刚起步，在研究中正处于由概念解析、渊源探讨、重要性阐述向教育、教学、实践体系构建的原则、方法、路径和模式探讨的过渡之中。

创业教育的提出是大学发展的内在逻辑。它推动着大学由知识生产向应用转型，也成为大学迅速向社会中心迁移的实现方式。创业教育的实践是时代发展和社会进步的客观要求，在当前我国快速的社会转型中，大学要保持其应有引领地位，必须以制度创新为提前，以知识与技术创新为动力，以解决社会发展的关键问题为己任，以培养大批的创业者为目的。中国的大学应通过课程的综合化、知识的资本化、大学的创业化来构建创业型大学的教育平台，取得创业型大学的市场认可，实现创业型大学的梦想。

纵观此书，论点鲜明、思路清晰、论证比较充分，是一部关于现代大学治理与管理育人研究的优秀作品。相信本书的出版，会对现代大学治理、高校思想政治工作理论以及管理育人工作的精细化、科学化起到积极的促进作用，对地方高校进一步提升中国特色现代大学治理能力有所裨益。

由于时间和水平所限，本书的缺点和不足在所难免，真诚欢迎广大读者给予批评指正。

编者

目 录

第一部分 理 论 篇

第二部分 路径探索篇

第三部分　协同创新与创业篇

第一部分
理 论 篇

第一章　实现高等教育的"双一流"

进入新时代，教育在实现中华民族伟大复兴中的基础性作用更加凸显，对高等教育的需要比以往任何时候都更加迫切，对科学知识和卓越人才的渴求比以往任何时候都更加强烈，必须坚持内涵式发展，全面提升教育质量，为实现伟大梦想提供更好的基础支撑。新时代我国社会主要矛盾已经转化为人民日益增长的美好生活需要和不平衡不充分的发展之间的矛盾，随着经济社会发展和高等教育普及程度的提高，优质高等教育资源短缺已经成为现阶段高等教育发展的主要矛盾，并由此引发高等教育公平、人才培养质量、大学生就业等一系列社会广泛关注的热点难点问题。这些矛盾和问题的解决，都有待于高等教育在更高水平上实现内涵式发展，而"双一流"建设将发挥重要的示范引领作用。

第一节　高等教育内涵式发展新理念

一、关于内涵式发展

（一）内涵式发展的概念

"内涵"主要有以下含义：一是逻辑学上指一个概念所反映的事物的本质属性的总和，即概念的内容；二是事物所包含的内容、内在的涵养。外延是一个概念所确指的对象的范围。借用形式逻辑关于概念的两个基本特征，来说明学校教育发展的两种形式和路径，提出"外延式发展"和"内涵式发展"：外延式发展强调的是数量增长、规模扩大、空间拓展；内涵式发展则强调的是结构优化、质量提高、效益提升、实力增强。

教育的发展是通过一定的指标来体现的，这些指标包括数量增长、规模扩张、结构调整、条件改善、质量提高、公平性增强等。通常，把数量的增长和质量的提高作为界定教育发展的两个最基本的维度。

在实践中，人们通常是把资源增量作为衡量学校教育发展的尺度，因为数量的指标容易测定，数量的增长和规模的扩张给人的感受更直觉、更可观。在对学校教育的各级各类督导评估中，也将学校对人、财、物的投入列在办学水平之中。数量指标在一定程度上反映了学校教育的发展水平。诚然，教育资源数量上的增长，是学校教育质量提高的前提和基础，而且，教育资源极大丰富，也可以为学校教育实践提供更广阔的实践活动空间。然而，数量的增长并不是学校教育发展的充分条件，它不能直接导致质量的提高，数据统计并不能完全反映学校教育发展的实际情况，尤其是在涉及伦理、道德和文化等方面的品质，单纯的数量统计就很难说明问题，甚至无能为力。数量反映的只是学校教育发展的表层，数量的增加、增长往往依靠的是教育资源的"投入"和对教育资源的"消耗"，属于"外延式发展"。质量则反映了学校教育发展的深层，具有满足师生和社会的明确或隐含的现实需要的能力的特性，质量的提高往往依靠的是科学的思想、内容和方法，属于"内涵式发展"。在教育发展过程中，没有无数量的质量，也没有无质量的数量，数量增长是基础，质量提高是目的，没有数量增长就没有质量的提高，但有了数量的增长不一定能提高质量，没有质量保证的数量增长是没有意义的，质量是教育发展的本质，提高质量是教育工作的中心任务。

（二）高等教育的内涵式发展

改革开放以来，尤其是进入 21 世纪以来，我国高等教育取得举世瞩目的历史性成就，为经济社会发展提供了强有力的人力资源保障和智力支持。

在经过近年的快速发展之后，我国高等教育已进入了一个新的发展阶段，也面临许多问题和矛盾；高等教育规模居世界之首，但"大而不强"的问题比较突出，一段时间以来，高等教育发展主要体现为办学规模的拓展和办学结构的层次延伸，如建设新校区、增设新专业、扩大招生规模等；高等教育服务国家服务社会的能力明显增强，但国际竞争力还需进一步提升；老百姓上大学难的矛盾基本解决，但上好大学、选好专业的矛盾依旧突出；以质量求生存、求发展的意识有所强化，但对提高质量投入的资源与精力依旧不足、教学的中心地位仍欠重视；鼓励高等学校明确定位、特色发展，但"同质化"倾向严重，"千校一面"问题没有得到根本解决，等等。解决这些问题，实现高等教育内涵式发展，为实现中华民族伟大复兴的中国梦培养符合时代要求的高素质人才，创新先进科技和新思想、新文化，提供优质高等教育资源，满足人民日益增长的对优质高等教育资源的需求，成为高等教育新使命。

根据系统论的观点，高等教育是个复杂的系统，由不同类型和特色的高等教育子系统构成，各高等教育子系统既相互竞争又协同合作，要综合考虑高等教育发展各方面的关系是否和谐，高等教育资源配置以及结构布局是否合理，高等教育的运行过程是否健康有序等，使整个系统有效地适应社会发展多层面的需要，为高等教育从大国走向强国提供良好的结构性基础。规模、结构、质量、效益关系的调整，是高等教育内涵式发展的本质问题。要解决过去一味依赖扩大规模、依赖办学升格、依赖外延式发展模式的现象，转变为以质量建设为核心，提高高校教学、科研质量，提升高办学效益，实现规模、结构、质量、效益协调发展。要研究高等教育所处的经济社会发展的国内国际形势以及科技进步带来的新变革，根据经济和社会发展需要，加快高等学校布局结构调整、专业结构调整、促进教育资源的优化配置，明确各类高等教育机构的定位，理顺各种形式、各种类型高等教育之间的关系，促进不同高等教育形式之间有效沟通和衔接。通过对高等教育系统内在要素的分析和结构调整，使高等教育结构与现代化发展的结构相适应，使高等教育更好地满足社会政治、经济、文化的需要，进一步解决好发展不平衡不充分的问题，来满足人民日益增长的对更高质量、更加公平教育的需求。

二、"创新、协调、绿色、开放、共享"新发展理念

"创新、协调、绿色、开放、共享"五大发展理念的提出，充分反映了治国理政的新理念、新思想和新战略。"发展是解决我国一切问题的基础和关键，发

展必须是科学发展，必须坚定不移贯彻创新、协调、绿色、开放、共享的发展理念。"坚持高等教育内涵式发展，就是要以新发展理念为统领，立足中国特色社会主义进入新时代的历史特征和国际社会发展潮流，以质量为生命、以内涵建设谋发展，补齐短板，破解高等教育发展存在的突出问题，不断提升我国高等教育体系的综合实力。

（一）把"创新"作为内涵式发展的推动力

我国高等教育的发展属于后发外生型，需要我们立足中国实际，利用"后发优势"，学习外国的好经验，服务高等教育实践，但最根本的是要依靠创新，学会用"先发优势"，解决前人没有解决的问题和人类面临的共同问题，这样才能走到世界高等教育的前列。

既要总结我国高等教育改革与发展的成功实践，又要结合中国实际，对我国高等教育改革发展难题进行针对性、前瞻性、储备性政策研究，为解决我国和世界高等教育问题提出体现中国立场、智慧、价值的理念、主张和方案。

当前，世界新一轮科技革命和产业变革蓄势待发，大数据、云计算、"互联网＋"、工业革命4.0以及发达国家推进高起点的"再工业化"，这些在全球范围内引发了新一轮激烈竞争，倒逼我国加快全面创新。

创新是高等教育内涵式发展的根本动力。一方面，高等教育应积极推进科教融合发展，构建"政产学研用"一体的创新网络，参与国家创新体系建设，积极组建跨学科科研团队，推动跨领域跨行业协同创新，着力增强高等教育自主创新能力，为经济社会发展提供持久动力。另一方面，高等教育要充分发挥"人才蓄水池"和"人才高地"的独特作用，实施更积极、更开放、更有效的人才培养和引进政策，完善人才评价激励机制和服务保障体系，营造有利于青年教师脱颖而出的氛围和环境，让"人才高地"真正变为"创新高地"。

（二）把"协调"作为内涵式发展的基本遵循

协调发展主要强调高等教育办学规模、结构、功能要与区域经济社会发展的需求相适应，要进一步增强高等教育服务社会、引领创新的功能。要牢牢把握我国高等教育事业的总体布局，坚持规模、结构、质量、效益相统一，正确处理事业发展中的重大关系，不断增强高等教育发展的整体性。

在宏观层面上必须把区域高等教育规划纳入区域经济社会整体规划当中，并成为其重要组成部分；高等教育的学科专业、人才培养结构与区域经济布局、产业结构等高度契合和协调；区域内高校形成与区域经济社会的环境和资源条件密切关联的独特的"政产学研用"合作模式、人才培养模式和办学模式；区域内高校为地区发展提供政策咨询、科技服务、人才支持和文化引领等多重作用，成为区域经济社会发展的重要原动力。

在高等教育内部关系层面上，要努力推进高等教育内部协调发展，在整体上建立科学分层分类、多样多元、协同共生的高等教育体系，逐步形成不同层次、不同类型高校目标定位明确、各司其职、各具特色、各有优势的高等教育发展格局，避免各学校"千校一面"的同质化现象。

在学校发展层面上，要调整优化学科专业结构，积极改造传统学科专业，大力扶持新兴交叉学科专业，努力办好特色学科专业，逐步形成与国家重大发展战略与地方经济社会发展相适应的学科专业动态调节机制。

（三）把"绿色"作为内涵式发展的重要取向

绿色发展注重的是解决发展可持续问题，若将可持续发展作为一种理念来指导大学发展，则需在教学、研究和社会服务中体现可持续发展，发挥大学通过人才培养与科学研究为社会经济文化以及环境的可持续发展提供人才支持、智力支持和技术支持。

"以可持续发展为导向的教育"是"建立在可持续理念、原则和价值观基础之上"，"需要从环境、社会、文化以及经济四个方面促进人类福祉"。要把生态文明和可持续发展的理念融入办学指导思想，贯彻到具体的办学实践当中。要为高等教育及其师生的发展创造良好的环境和学术生态。在宏观层面上要为教育理念适应当代社会发展、中国特色社会主义建设以及人才培养的需要，创造一个很好的环境、条件和生态；在微观层面上要为学生成长成才提供一个绿色环境，为教师发展提供一个好的学术生态环境。

如果以培养有可持续发展理念的全人为目标，就需要大学在各个场合、各个环节体现可持续发展的理念，用理念来指导实践，形成一种自觉的、有保障的实践，以可持续发展为导向的大学教育要通过一系列有效的教学方法和技术促进学生全人参与式学习并提高学生高阶思考能力，使学生能够进行终身学习。通过教育教学要促进人的可持续发展，同时也要特别注重培养创新型人才，为可持续发展提供高素质的人力资源支持，因为可持续发展的关键，是要有优质的人力资源。

（四）把"开放"作为内涵式发展的必要条件

要坚持国际视野、中国道路，在统筹国内国际两个大局中办好中国的高等教育，促进国内国际要素有序流动、资源高效配置、发展深度融合。要培养学生具有世界眼光、中国情怀，学会不同文化的包容共处、互学互鉴。

一是要对内开放。深化办学体制改革，鼓励社会力量和民间资本积极参与高等教育改革与建设，为社会提供优质、多样的高等教育服务。要与各类社会主体紧密合作，积极推进产学研结合，鼓励、引导高校突破学科、学校、行业和地区等壁垒，积极创新人才培养模式，努力把更多社会资源转化为教书育人资源，走"政产学研用"紧密合作的协同育人之路。

二是对外开放。开展多层次、宽领域的国际交流与合作，提高我国高等教育的国际化水平。一方面，高等教育要继续"请进来"。继续积极开展中外合作办学，以及一批国际合作办学项目；引进世界一流大学和特色学科的优质资源，开展高水平人才联合培养和重大科学问题联合攻关；建设一批高水平国际合作实验室、研究中心，面向全球引进高层次创新人才，促进高校科技研发在国际的协同创新。另一方面，高等教育更要自信地"走出去"，支持具备实力的高校尽快走出国门，不断提升我国高等教育国际影响力和竞争力，在合作中加快我国高等教育与国外高等教育的实质等效，在国际交流中让世界听到中国高等教育的好声音，合力构建人类命运共同体。

（五）把"共享"作为内涵式发展的价值追求

共享发展注重的是解决社会公平正义问题，要以共享发展促进教育公平。

"共享是中国特色社会主义的本质要求。必须坚持发展为了人民、发展依靠人民、发展成果由人民共享，做出更有效的制度安排，使全体人民在共建共享发展中有更多获得感。"

教育公平具有起点公平的意义，是社会公平的重要基础，是现代教育发展的必然趋势，对维护社会和谐稳定具有重要意义。发展才是硬道理，把高等教育的"蛋糕"做大，这是解决一切问题的基础和关键。从世纪之交的精英教育到现在即将进入普及阶段，高等教育发展成就在起点上为人民群众提供了更多接受高等教育的机会，在很大程度上促进了起点的公平。

进入新时代，高等教育应在调结构、转方式、补短板的基础上继续稳步增长，不仅要"做大蛋糕"，促进社会纵向流动，在起点上为人们提供更多接受高等教育的机会，而且要"做好蛋糕"，在结果上努力扩大优质高等教育资源覆盖面。高等教育还要加强精准扶贫，"分好蛋糕"，让更多优质高等教育资源惠及农村、边远、贫困、民族地区的子弟，使他们有更多的现实获得感。要通过对口支援，促进西部地区高等教育的发展和教育公平，提高西部高校的办学水平和服务区域经济社会发展的能力。要加快推进"互联网＋教育"行动，弥补因地域、时间和师资力量等导致的高等教育鸿沟，提高知识获取效率，降低知识获取成本，扩大优质高等教育资源覆盖面。

第二节　以质量为核心加强"双一流"高校内涵建设

从"推动高等教育内涵式发展"到"实现高等教育内涵式发展"，这一从"推动"到"实现"表述的变化，是对高等教育发展要求的升级换挡。"双一流"建设高校必须以高等教育新发展理念为指引，遵循教育基本规律，顺势而上，积极作为，不断加强内涵建设。

一、切实提高教学水平和育人质量

质量是反映内涵式发展的主要指标。提高高等教育质量，建设高等教育强国，是内涵式发展的核心内容。我国高等教育尽管已经跃上了一个新的发展台阶，但是不可否认，在教育理念、教育方法，包括教学内容、教学手段以及教学管理方面还存在着许多不适应。推进高等教育内涵式发展，应把立德树人作为一项根本任务，解决好培养什么样的人、怎样培养人的问题，要以培养拔尖创新人才为己任，着力培养学生的创新精神和创新能力，切实提高教学水平和育人质量。

（一）把提高育人质量放在学校工作的核心地位

贯彻党的教育方针，要强化人才培养工作的核心地位，全面提高教育教学水平和人才培养质量。切实落实育人为本、德育为先，深化教学改革，大力推进高等学校素质教育，实现培养模式从注重知识传授向更加重视能力培养转变。树立先进的教育教学思想观念，坚持科技教育与人文教育、通识教育与专业教育相结合，探索适应经济社会发展、符合时代要求的人才培养模式。推动课程体系和教学内容改革，创新教学方法和手段，注重因材施教。加强实践性教学环节，倡导研究性学习和本科生科研活动，提高大学生的学习能力、实践动手能力、创新能力、交流能力、社会适应能力和国际交流能力。

（二）进一步完善教学管理与质量保障制度措施

坚持以学生为本，健全教学支持服务体系，建立有利于学生成长成才的教学管理制度。完善高校教学名师奖励制度，形成激励教授上讲台、知名专家和学者给本科生讲授基础课的长效机制。加强学风建设，严格教学秩序和学术规范，营造师生自主探索、学术自由争鸣的氛围。完善高等教育质量保障体系，切实提高高等教育质量。以专业和学科评估为重点，完善高等教育评估制度。逐步建立以高等教育机构自评为基础，政府评估与中介机构评估相结合，社会和公众广泛参与的评估体系。

（三）加强教学资源建设和整合各种教育资源

加强精品课程、实验室、数字图书文献保障体系（CADLIS）、实验设备与优质资源共享系统建设，建立相应的整合和共享机制。鼓励教师开展教学研究、改进教学方法和手段、开发高质量的新教材和高水平的数字课程资源。整合各类实验实践教学资源，采取高等学校与科研院所、行业、企业合作共建方式，建设共用共享的国家大学生校外实践教育基地，支持国有大中型企业与高校共建开放式的"大学生实训国家示范基地"，推动教学与科研紧密结合、学校与社会密切合作，促进大学生在科学研究中学习、在社会实践中学习。资助大学生开展创新创业训练项目，培养大学生创新创业能力。

二、按"四扶"原则要求强化办学特色

坚持扶优、扶需、扶特、扶新，按照"一流大学"和"一流学科"两类布局建设高校，引导和支持具备较强实力的高校合理定位、办出特色、差别化发展，努力形成支撑国家长远发展的一流大学和一流学科体系。"双一流"建设高校要立足自身实际情况，找准定位、扬长避短、办出特色、形成优势。

（一）应对国家重大战略需求，拓展学科领域服务面向

"双一流"建设要直面重大问题，发挥自身专长特长，主动服务国家战略和经济社会发展。强调"国家重大战略需求""国家安全""国家急需"等目标定位，要求高校在秉承原有使命基础上，不断拓展学科领域，支撑行业产业转型升级，为实现国家长远发展提供人才和科技支撑。大学应站在为国家、为民族振兴的广度上，准确、科学地确立自己的战略基点，凝练特色、把握特色、发扬特色，以特色求生存、以特色促发展，着重从事自身擅长的创新链上游的工作，包括基础研究、应用研究、技术开发等。要在新兴交叉前沿领域加大投入力度、引进学术领军人才、搭建重大科研平台，打造新特色和新优势。

（二）调整优化学科布局结构，构建一流特色学科体系

一流学科的建设要强调中国特色，适应新时代下对学科的要求。在巩固提升特色学科地位的同时，要进一步拓展学科链条，加强基础学科、支撑学科建设，培育新兴交叉学科，以点带面，从学科高原迈向高峰，形成一流特色学科体系，为跻身世界一流大学行列奠定基础。要坚持学科龙头地位，强化学科牵

引作用，将学科建设与资源分配、高端人才引进、人事制度改革等紧密结合起来，综合推进，形成合力。要以优势学科为主干，以特色学科、新兴学科、需求学科为支撑构建学科群，建设一批问题导向的跨学科综合交叉平台和高水平智库，健全学科生态体系。

（三）巩固提升特色优势学科，强化行业支撑引领作用

产业结构调整与优化升级，给高校明确服务面向、合理定位、推动产学研合作带来新的考验。"双一流"建设高校，尤其是行业特色大学要巩固提升特色学科的水平和地位，冲击世界一流水平，巩固在行业领域的引领和不可替代地位，做到人无我有、人有我强、人强我特。在一条完整的技术创新链中，大学、社会、企业承担着不同的角色。高校应广泛深入地与企业合作，推进科技成果转化，大力促进高新技术产业、知识密集型产业、高科技附加值产业、现代服务业等的发展。要做好供给侧改革，哪个学科办得好、有基础、符合未来发展趋势，就继续办，加大力度投入；办得不好的，就要主动精简，要在学科布局上坚持有所为有所不为，不必追求样样都好。

三、建设一流人才和师资队伍

实践证明，我国高校教师队伍特别是高层次人才队伍是国家高层次人才队伍的重要组成部分，不仅决定着高水平大学的建设水平和高等学校的人才培养质量，而且也是国家基础研究和高技术领域原始创新的一支主力军，是解决国民经济重大问题、实现技术转移和成果转化的一支生力军。

近年来在高校获国家自然科学奖、技术发明奖、科技进步奖方面，一批高校教师做出了突出贡献。高校教师队伍成为国家科技创新和繁荣哲学社会科学的重要"方面军"、科技成果转化及产业化的强大"生力军"。但总体看，"双一流"建设高校教师的综合素质、教育教学水平、学术素养和创新能力等还有待进一步提高，真正处于世界领先水平的"大师"级人才比较少，能够活跃在国际科技前沿的拔尖创新人才还远远不够。

（一）培养和造就学术领军人物

大学孕育大师，大师成就大学，这一话题自中西方产生成规制的、能称之为"大学"的机构以来，一直是人们关注的话题。世界一流人才是成功建设世界一流大学的关键。在当今中国"双一流"建设的进程中，更需呼唤大师。世界一流大学需要有一流人才队伍占据学科前沿，引领学科发展，为本国社会和经济发展做出卓越贡献，赢得广泛国际声誉。人才决定学校的未来，也是学校当前最核心、最紧迫的工作。没有高水平的人才资源做支撑，提高质量、内涵发展、冲击一流、建设高水平研究型大学就都是空谈。要培养和造就一批具有国际领先水平的战略科学家、哲学社会科学专家和学科带头人，一大批活跃在国际学术前沿领域、具有创新能力和发展潜力的中青年学术带头人和学术骨干，一批能够承担国家重大科研任务、参与国际竞争的创新团队和学术群体。

近些年来，我国实施了一系列加强人才队伍建设的政策措施，推出了"国家杰出青年基金"、"长江学者奖励计划"等一系列高层次人才项目和计划，引进、培养、造就了各个领域的大批高层次人才，对促进我国科学教育事业进步和经济社会发展做出了重要贡献。"双一流"建设要继续采取特殊措施，培养造就高水平学科领军人才和学术带头人，引进一批年富力强、世界一流的科技尖子人才和学术大师，吸引外籍知名专家和优秀留学人才到我国高校从事教学科研工作。

（二）加强教学和科研团队建设

要坚持人才强校，培育造就高素质、高水平的教学和科研队伍，吸引、汇集世界一流水平的专家、学者，着力组建高水平的教学、科研、管理和服务队伍。制定针对性具体措施，通过引育并举，进一步强化人才队伍建设，在一些学科和学科方向上达到世界先进水平，逐渐形成一批具有世界水平的创新团队。积极推进高水平大学基层学术组织改革与发展，不断完善"大师＋团队"的人才组织机制，集成学科、平台（基地）、人才的综合优势，大力支持一批高校优秀创新团队和优秀人才群体，从事国家重点发展领域重大理论问题或国际学术前沿的科学研究。进一步优化教师队伍整体结构，改善学员结构，克服"近亲繁殖"，形成可持续发展的人才梯队。

要加强中青年教师教学科研实践、学术交流和研修，促进教师专业发展，不断提高教育教学水平和自主创新能力。完善教师定期研修制度，构建开放、灵活、多途径的教师继续教育和终身学习体系。政府和学校加大对教师培训的投入力度，完善教师培训经费分担机制。建设一批国家级骨干教师培训基地，采取国内访问学者、高级研修、攻读学位等方式，多渠道选派中青年教师进行研修。进一步扩大高校教师赴海外学习研修的规模，切实增强选派工作的针对性和实效性，选派一大批优秀中青年教师，到海外高水平大学一流学科专业，师从一流导师，学习深造，促进中青年教师掌握国际学术前沿动态。

（三）提升高校教师在国际学术领域的影响力

"双一流"建设高校要采取多种方式，与国外高水平大学开展"强强合作"、"强项合作"，通过联合培养或合作研究，使教师开阔视野提高水平。支持高校高层次人才主持或参加国际重大科学研究计划和国际学术交流活动，竞争国际权威学术组织领导职务，担任著名国际学术期刊编委，在国内举办重要国际学术会议。积极创办专业水平高、有广泛国际影响的专业学术刊物，支持优秀拔尖人才出版高水平学术专著。

（四）营造高层次人才成长的条件和制度环境

在高校建设国家（重点）实验室、国家工程（技术）研究中心、国家工程实验室、国家科技重点实验室、哲学社会科学重点基地，以及一批具有综合性、交叉性和集成性的高水平研究机构，为高校优秀人才在国家创新体系中发挥重要作用创造条件。

建立和健全各项管理制度，构建和完善长效激励机制，将教师各个层次的需要转化为激励因素，公平、公正、公开的处理教师工作中的各种事情，发挥他们在教育教学中的作用。努力构建民主、宽松、开放、和谐的学术环境，支持高校教师自由、自主地开展原创性研究。完善高校教师支持服务体系，营造以人为本、崇尚科学、鼓励创新、宽容失败的文化氛围，促进学术繁荣与发展。加强学术道德建设，完善学术自律与学术监督相结合、学术自由与学术责任相结合的机制。

四、在更高层次上推动实现资源共享共建

当今世界一流大学之间竞争的关键在于：一是有世界前沿水平学科带头人（一流科学家），同时有一支实力很强的团队配合；二是有支撑一流科学与技术研究的成系列大型实验装置及仪器设备。因此，与早期的大学不同，单有大师已无法支撑起现代一流大学的发展，还必须有与之相匹配的团队和先进科学仪器设备。在我们通过"双一流"建设迎来高等教育发展机遇的同时，还需要思考如何树立一流学科共享思想，推动大学间资源整合实现优势互补、强强联手、设备共享，最终实现内涵式发展。

应考虑更高层次地联合构建资源共享平台，避免不同学校的同类学科低水平重复购置同样设备，推进跨学校、跨学科资源共享，进一步推动多学校、多学科联合设计并建设世界一流的、人无我有的实验设施。需要通过建立共享平台对大型科研仪器设备等资源进行重组和建设，构建开放、共享、高效、体系完备的物质和信息服务系统，改变高校及科研院所各自为政、单兵作战的格局，充分利用现有仪器设备，综合集成，优化配置，减少重复购置，提高大型、贵重仪器设备使用效率，做到物尽其用。

对于相关性较强的学科，要加强资源集约化管理，努力实现高水平、优质资源的共享、合作。对于学科群，一定要从资源整合的要求出发，推动集群发展，全方位形成互补、协同作用。

为避免设备购置的重复浪费和仪器闲置现象的发生，国家不仅要加强对高校发展的财力支持，还要进一步改革完善评价体系，加强对高校发展的规范引导，加强资源共享和协同管理。要进一步统筹建设需求，加大对一流学科建设的大型实验装置及仪器设备等基础设施建设的规划协调力度，做好建设规划，对所购置大型仪器进行严格论证。协调相关学校以及跨学校、跨区域的学科分工合作，鼓励大学错位发展、互补性建设共享平台。更进一步地，需要深度推

进全国大型实验装置及仪器设备共建工作，最终形成一批布局合理、功能完善、共享高效的一流学科发展大型平台，建立起大型仪器设备开放共享管理机制，研制大型仪器设备开放共享管理方案，制定合理可行的办法，实行大学与大学之间、大学与科研院所或其他社会科研机构之间设备资源开放共享，最大化地提高仪器设备的使用效益。

五、以信息化推进内涵建设

信息化是当今世界经济和社会发展的大趋势，信息化水平已成为衡量一个国家和地区现代化水平的重要标志。目前，许多国家都在加快信息化建设步伐。抓住世界信息技术革命和信息化带来的机遇，大力推进国民经济和社会信息化，是我国加快实现工业化和现代化的必然选择，是促进生产力跨越式发展、增强综合国力和国际竞争力、维护国家安全的关键环节。教育信息化是国民经济和社会信息化的重要组成部分，是优化教育结构、合理配置教育资源、缩小东西部及城乡教育差距、提高教育质量和管理水平、提高教育投资效益、推进素质教育和培养创新人才的关键环节，正推动着教育思想、观念、模式、内容和方法等的全面创新和深刻变革。

要加大高等教育信息技术基础设施建设力度，进一步提升中国教育和科研计算机网（CERNET）、教育卫星传输网等信息技术基础设施水平，建成高水平的校园网络，实现高等学校之间、高等学校与其他各类学校及教育管理部门之间的互通互联。加强高等学校数字化管理平台、课程平台、服务平台、传输平台和优质资源建设，满足教学、科研、管理、服务和文化建设的需要。建设一批基于互联网的国家级示范教学基地和基础课程实验教学示范中心，逐步实现教学及管理的网络化和数字化，实现信息资源的共建与共享，提高教育信息化的总体效益。

"双一流"建设，要利用自身优势，努力改善高等学校资源共享的基础条件。加强科研创新的基础性工作，在大学建设一批大科学工程和野外台站、全国性的科学数据中心，为基础科学研究提供信息平台。支持在高校建立国家大型仪器中心，推动科学仪器和科学数据的共享。择优支持一些能够与国际期刊接轨的高水平学术期刊。加强高等学校人文社会科学信息网和高校哲学社会科学文献中心建设，建设一批社会调查数据库、统计分析数据库、基础文献数据库、案例集成库等专题数据库，构建高校哲学社会科学发展的条件保障体系，推进哲学社会科学研究方法与手段的现代化。

近年来，信息技术和互联网对教育影响巨大，互联网技术、MOOCs 深度引入教学，在世界范围内掀起了一场在线学习的浪潮。各商业机构、风险投资家、媒体、知名高校都加入到 MOOCs 浪潮中，创建了大量的 MOOCs 学习平台，在促进教育资源共享方面正发挥着巨大作用。要继续借助互联网技术促进教育资源共享，大力推进信息技术与教育教学的深度融合，以信息技术的广泛应用促进教育观念、教育模式的变革，推动教育教学质量的"变轨超车"，更大程度上推进教育公平，实现高等教育内涵式发展。

第三节　"双一流"建设引领高等教育体系协调发展

20 世纪 90 年代以来的管理体制改革，一批部委高校划转到地方或教育部门，高等教育办学主体结构实现重大调整，通过合并调整一批单科性高校，显著改变了高等教育院校的类型结构，在较大程度上消解了因中央部门与地方重复设置高校造成单科性院校过多、非教育部门办学以及管理体制上的"条块分割"等弊端。与此同时，一些普通高校合并升格、更改行业服务色彩名号、由学院改名为大学的情况非常普遍。中央和省两级管理体制的形成，也调动了地方举办高等教育的积极性，新升的地方本科院校如雨生春笋般地发展起来，成为新的教学型院校。

伴随这些现象，原有的高校升格、更名或提高招生层次后，失去了原有学科优势以及行业服务面向，弱化了一些原来面向行业服务院校的特色和人才培养适应性，模糊了高校体系分层发展的功能定位，不仅使我国高等学校面目雷同，因服务职能相互重合而导致学校之间的恶性竞争，滥用和浪费珍贵的教育资源，使我国高等教育发展远离社会经济发展的实际需要，人才培养供需失调，不利于高校全面提升服务质量和充分发挥对国家发展的影响力。

合理定位、特色办学、协调发展，是"双一流"建设的基本要求，也是高等教育内涵式发展的重要内容。一方面，"双一流"建设高校要努力调整高校科类结构和专业结构，办出特色和优势；另一方面，"双一流"建设也要对不同类型高校合理定位以及优化高等教育体系发挥重要引领作用。

一、关于高等学校发展同质化倾向

在计划经济时期，我国原有的高教管理体制是一种国家集中计划、中央政府各部委（俗称"条"）和省级政府（俗称"块"）分别投资办学和直接管理的体制。中央各部委相继创办并直接管理了一批为本行业、本部门培养人才的面向全国的高等学校；各省、自治区、直辖市为了满足本地区社会经济发展的需要，也陆续创办并直接管理了一批为本地区服务的高等学校。随着经济社会的发展，在计划经济体制逐步向市场经济体制转变的新的历史条件下，条块分割的弊端及其所带来的问题日益严重。

主要表现在：第一，条块分割，自成体系，各自封闭办学，直接导致省级政府和中央部门在低水平上重复设置高等学校和专业，造成教育资源配置的严重不合理。中央部门和地方分别办学并直接管理，地方政府中各业务厅局也自己办学，造成大的条块分割和小的条块分割，乃至大小块块、条条也分割，形成各自"小而全"的封闭体系。这样造成重复设置、不少学校的规模效益低下，办学条件难以改善。第二，造成单科性院校比重过大、数量过多。中央部门创办的高校以及省级业务部门管理的高校多数是为本部门、本行业服务的单科性院校。这些学校行业性强、学科单一，难以形成多学科交融的学术氛围，既造成部分毕业生知识面较窄，也妨碍了学术水平、科研水平的提高。

在原有的部门办学、单科型院校人才培养口径过窄等问题和矛盾得到改变的同时，高校追求升格和综合化、缺乏办学特色等新问题又随即产生：

一是高校盲目升格，缺乏合理定位。普通高校发展中呈现出明显盲目升格和争上层次的趋势——高职争升本科，学院争改大学，本科院校争上硕士点、博士点，尤其是一些地方高校，尽管办学历史不长，积淀不深，也把发展重点放在升格和争上学科点上，而不在形成本科教育特色发展上下功夫（为转型发展埋伏笔）。由于各地高校在发展的过程中都存在争上博士点、硕士点的倾向，把有限的精力和资源用于举办研究生教育上，本科教学受到削弱。

二是综合院校设置过快、过多，削弱原有的办学优势。减少单科型院校、适当增加高校的办学综合性，是适应社会发展趋势和需要的，但过多、过快地发展综合性院校尤其是增加过多的地方性综合院校，不利于形成突出的办学特色和不同的服务面向，不利于为地方发展培养有质量、有特色、多规格的专门人才。尤其是随着高校体制的改变，过去许多中央各部委所属的高校被划转归地方政府管理，部分高校出现了改名热，学院升为"大学"。许多专科或大学不管是否具备相应实力，纷纷打出"以某科为主，向多学科发展"的牌子，理工科类改名时多选"科技"、"理工"作校名，使原来学校所具有的优势和特色逐渐丧失。

三是大量增设学科和专业，失去办学特色。除综合性大学以外，专门性高校在没有充分考虑自身办学条件与市场需求变化的情况下，盲目开办热门学科专业和低成本专业。高校在专业设置时，不是首先考虑自身优势来提升办学的影响力和办学特色，而是简单地以什么专业热就办什么，结果竞相设置热门学科专业、扩大热门专业的招生，国际经济与贸易、法学、英语、艺术设计、电子信息工程、计算机科学与技术、工商管理和市场营销等热门专业一度增长过猛，客观上加剧了人才培养结构失调以及热门专业毕业生就业难的问题。学校规模的迅速扩展，给相应的师资配备、办学条件、教学运行以及校内管理也带来压力，甚至使得部分高校在较长的一段时间内仍难以恢复到原有的运行条件和质量保障水平。实证分析表明，这些高校尽管师资配备、教育教学条件也在努力改善，但仍跟不上规模扩展的变化。

四是服务面向不明，服务行业能力明显下降。在布局结构调整、管理体制改革尤其是在高校合并及其学科综合化的过程中，原来一批具有稳定服务行业面向、具有一定人才培养特色和学科优势的专门性院校割断了与原行业部门的联系，但是为行业发展服务、与行业合作的新机制没有及时建立起来，加上合并、改名或升格后的高校的学科专业变化很大，原有的专业及其招生规模都发生了萎缩现象，尤其是涉及国家发展大局的农业、师范、矿业、地质等类专门人才培养院校，其行业服务能力明显下降，原有特色大为弱化，与国家和地方的人才需求趋势不相适应。例如，我国农业本科院校学科布点越来越分散，农业门类学生所占比例大幅下降，面向农业服务的特色削弱，为农业服务的能力性明显下降。农业对于我国这样一个人口大国来说具有特殊的意义，实施乡村振兴战略，发展新型农业和现代农业需要高校培养适应现代农业发展需要的应用型人才。

五是重点建设高校也大量设置热门专业，而高新技术相关专业人才培养能力不强。"211 工程"、"985 工程"高校设置专业体现新兴学科、科技发展前沿学科以及体现创新人才培养不够，大量发展一般性学科与研究型大学的发展定位不相适应，不利于提高办学水平与竞争力。"211 工程"高校过多地设置外语、管理、对外贸易、自动化、艺术设计等热门专业，而与生物科学、航空航天、电子信息等有关的高新技术相关专业，所占比重不大。一段时间以来，部分"985 工程"高校，一方面设置了过多的热门专业，另一方面缺少引领高新技术发展的新兴、交叉专业。

二、不同类型高等学校要合理定位协调发展

这是高等教育内涵式发展的重要内容。从现代化建设对高层次专门人才需求的多样性以及学校自身发展需求出发，高等学校要自觉、准确把握自身定位，不谋求上层次，而是扎根自己的实际情况，谋划好自己所开专业的服务面向，在学科专业建设方面苦练内功，办出特色。

（一）高等教育机构分类

对高等教育机构进行分类，是高等学校合理定位的前提。这需要从计划经济年代说起。中华人民共和国成立后，我国高等教育机构的分类带有深深的苏联模式的烙印，如一般将大学分为综合大学、理工科大学、语言大学、政法大学、财经大学、农业大学、林业大学、师范大学、民族大学、体育大学、医药大学、艺术大学、非重点短期职业大学等。这种分类是 20 世纪 50 年代以来根据"以培养工业建设人才和师资为重点，发展专门学院，整顿和加强综合大学"

的方针，进行高等学校院系调整的结果。随着我国高等教育的发展，我国对高校的结构、布局进行了调整。

尤其近年来，高等学校普遍出现片面追求大而全、过分追求升格、盲目设置热门专业等倾向，导致高校在发展定位上出现单一化、趋同化的问题，使我国的高等学校因缺乏个性而逐渐失去了原有的办学特色和院校发展定位，从总体上削弱了高等教育与国家经济社会发展的适应性。建立高校分类体系，实行分类管理，发挥政策指导和资源配置的作用，引导高校合理定位，克服同质化倾向。

高等学校缺乏合理定位，既难以满足现代化对高层次专门人才多样性的要求，也不利于高等教育整体实力的提高。但就建立分类体系而言，目前尚没有统一的意见。已有的分法中，有的分为部属院校、省属院校、市属院校；有的分为副部级大学、"985"大学、有研究生院的大学、"211"高校、地方本科院校、高职院校；有的分为研究型大学、教学科研型大学、教学型本科院校、高等职业学校；有的分为研究型、研究教学型、教学研究型、教学型等。这些分法，有的是反映行政隶属关系，有的等级鲜明，但都不可取。

根据中国实际，参考联合国教科文组织的国际教育标准分类（ISCED），可将我国全日制普通高等学校分为三类：一是研究型综合性大学（5A1），即重点综合大学，这一类的数量很少；二是应用型专业性学院（5A2），即我们所说的"应用型大学"或"应用型学院"，数量很大，培养各行各业各种专业的应用性的高级专门人才，大量的地方高等学校一般应定位于5A2；三是职业性的技术技能型的高职院校（5B）。

（二）不同类型高校发展要各安其位、各展所长

"双一流"建设，不仅要培养一大批国家创新人才，包括一大批科学家、学者、专家，同时也是发挥示范引领作用，带动不同类型的学校都能合理定位，办出自己的特色，为社会培养数以千万计的各条战线的专门人才。要认识到，不同类型和办学层次的高校承担着不同的高等教育任务，在高等教育体系中有着不同的分工，但都可以办出特色、办出水平，发挥出应有的功能和作用，都

可以争创一流，都可以成为国际、国内、省内知名的、有影响的学校。问题在于能不能找准自己的优势、确定自己的发展方向、制定具有校本特色的发展战略。对此，我们必须明确办学层次不等于办学水平，办学水平往往体现在办学特色上。

在这方面，一些发达国家提供了借鉴。在国家或区域性高等教育发展规划的指导和保障下，发达国家通过多种机制促进高校在不同的方面、不同的研究领域形成特色，高校按照自身的发展规划努力提升自身某些方面的竞争力。分层次规划，保证了高校办学的目标定位非常明确，不同层次的高等学校不互相攀比，各安其位，各自办出自己的特色。

在"双一流"建设背景下，进入"双一流"建设的高校多是原来的"211"、"985"大学，按照前述分类，当属第一类型，其定位，要按照"四扶"原则，在特色学科、新学科、国家所需学科方面，从面向现代化的要求出发，进行现代化改造，实现内涵式发展，争取创建世界一流学科，世界一流大学。

第二类型高等学校的定位问题情况复杂，门类繁多，历史或长或短，水平高低不一：既有有着数十年校史的本科院校，又有近年来"专升本"的新建本科院校；既有全国性、行业性高校，更有大量的面向当地办学的地方院校；尚有少数院校保留单科性，多数已改为多科性。这种类型高等学校具有如下共同特点：第一，以培养应用型人才为主；第二，以培养本科生为主，某些学科可培养专业研究生；第三，以教学为主，同时开展应用性、开发性研究。此外，还有以面向地方办学为主，某些专业可面向地区和全国等特点。这类学校长期受第一类型的影响，重理论轻应用；新建校也受到一定的影响，很多学校刚建立不久，就想往学术型方向发展，轻视应用，定位不合理。最近几年来，我们大力推进向应用技术大学转型发展，即是促进此类高校合理定位，培养应用性高级专门人才的重要举措。

第三类型的定位，理论上已较为明确，政策也很清楚。比如建立一支数量充足、专兼结合的"双师型"高职师资队伍；加强精品专业、精品课程建设，着重发展实训基地；推进专业设置、专业课程内容与职业标准相衔接；积极推进学历证书和职业资格证书"双证书"制度，切实增强学生的实践能力和职业技能等。但是实践上尚需解决办学者的认识，使之能更好地面向市场经济。这一类型学校培养人才的标准，就是"适销对路"。

三、引领优化区域高等教育体系

"省级政府应结合经济社会发展需求和基础条件，统筹推动区域内有特色高水平大学和优势学科建设，积极探索不同类型高交的一流建设之路"。可见，这一要求，正是瞄准建设一流的高等教育体系，推动地方不同类型高校内涵式发展。因此，"双一流"建设的实施，将在促进地方高等教育分类发展、优化区域高等教育体系方面，发挥重要引领作用。

（一）"双一流"建设的带动效应已显现

在开展国家层面"双一流"建设的同时，各地纷纷面向地方经济社会发展和产业转型升级的需要，结合当地高等教育现有基础，对高等教育总体发展进行规划设计，积极推进省域范围的一流大学和一流学科建设，发挥"双一流"建设推动科技、知识创新，拉动经济增长的重要作用。

目前"双一流"建设对地方高等教育规划和发展的带动效应已初步显现，尤其在调动地方积极性加大经费支持力度上，或明确投入数额、投入重点，或省市、高校共建，积极拓展资金来源，加强对入选高校、学科的支持力度。

当然，在支持"双一流"建设上，东部和西部地区在资金、人才、投入力度上差距明显。

（二）对接地方需求突出优势特色

在"双一流"的学科布局中，各地纷纷以国家和区域经济社会重大发展战略为导向，对接地方需求、突出优势学科、发展特色学科。

一流学科建设重点支持哲学、历史学、经济学等一批具有中国特色的哲学社会科学学科，数学、化学、物理、生物等一批理学学科，化学工程、材料、仪器、建筑等一批工学学科，中医中药、基础与临床医学、药学等一批医药类学科，艺术、体育等一批艺体类学科发展；重点支持与信息技术、智能科技、高端装备制造、航空航天等优势主导产业、战略性新兴产业、现代服务业和现代都市型农业紧密对接的特色学科（群）进行建设。

（三）分类发展优化区域内高等教育体系

"双一流"建设的实施，将在促进地方高等教育分类发展、优化区域高等教育体系方面，发挥重要引领作用。

"多元一流"建设引领高等学校分类发展，特色发展、错位发展，实施高水平研究型大学、高水平应用型高校、高水平职业技能型高校计划。一是实施高水平研究型大学建设。直接对标国家"双一流"，举全省之力建设高水平研究型大学。鼓励各高校进行一流学科建设，继续支持河北工业大学先进装备技术与工程学科建设，同时省里将对在教育部学科评估、ESI、QS 排名中靠前和获国家科学技术奖的学科重点支持，力争有更多的学科进入国家"一流学科"建设序列。二是推进高水平应用型高校建设。对标全国同类院校领先水平求得突破。从全省应用型高校中遴选具有较好基础的专业进行重点建设，选择建设成效明显且重点专业集中的高校，纳入高水平应用型高校建设序列，培养大批高水平应用型人才，产出一批高水平应用技术成果。三是推进高水平职业技能型高校建设。持续推进高等地方高校创新发展行动计划，加快建设高水平高等高校和骨干专业。建设一批高水平骨干专业、专业教学资源库和生产性实训基地，大力培养面向产业一线的高素质技术技能人才。

第四节　"双一流"建设带动高等教育布局结构调整

区域布局结构调整是实现高等教育内涵式发展的重要内容。从 20 世纪 50 年代高校院系重组及区域布局大调整以培养经济建设需要的适用型人才，至改革开放后高校非均衡布局以适应区域经济发展需要，我国高等教育始终依照国家发展战略及生产力布局特点设置高校、实施布局结构调整，促进了高等教育与经济社会的协调发展。"双一流"建设要紧紧围绕国家发展战略重点及国民经济布局要求，与国家改革发展尤其是管理体制改革进程保持同步，紧密结合产业部门需求与行业特色、区域定位，推动我国高等教育布局结构优化调整。

一、新中国高等教育布局结构的形成

在计划经济时期，受中央集权与计划经济的影响，很长一段时间内高等院校的设置是在高等教育国有机制和高等教育高度分工的原则下进行的。例如，所设置的高等院校大部分分布在各大中心城市，服务于"全国一盘棋"的计划经济。高等学校招生、分配均在国家统一计划管理下面向全国进行。

实践证明，紧紧围绕国家战略及国民经济生产力布局实施高校布局结构调整，不仅有利实现国家战略，有效发挥高等教育功能，还推动了高等教育与经济社会协调发展。

二、市场经济条件下高等教育布局变化及调整

改革开放以来，我国开始推行优先发展沿海地区战略，东部沿海地区持续快速发展，对高等教育的人才、学校类型有了更大、更多样化的需求，我国高校的设置与布局明显向东部地区倾斜。我国高等学校布局结构的调整，主要是在国家宏观政策指导下，以省级政府统筹协调为主进行的，其原则是，要有利于地方政府根据地方经济建设对新型人才的需要和各地区人力资源能力建设的需要，来合理安排高等学校的布局。但在市场经济体制建设的过程中，由于经济发展的不平衡，待遇、科研经费、环境等差异，中西部和东北高校的人才纷纷流向东南部沿海高校。这种人才向东南发达地区高校流动的现象，被形象地比作"孔雀东南飞"。因此区域高等教育发展差距不断拉大已成不争事实。

三、"双一流"建设对高等教育布局结构的优化

区域空间布局结构调整的重点，主要是促进省际高等教育布局优化，加大对中西部欠发达地区高等教育的支持力度，提高中西部高等教育发展能力。经过近年来的努力，我国高校区域空间布局结构特征发生了显著变化，在不少方面取得了明显进展与成效。但中西部高等教育发展不足的问题没有得到根本解

决，尤其高水平大学仍很缺乏，优化区域空间布局仍任务艰巨。

进入新时代，在我国社会主要矛盾已经转化为人民日益增长的美好生活需要和不平衡不充分的发展之间的矛盾的历史背景下，要继续加大和支持中西部地区高等教育的发展步伐，加强教育资源的整合，进一步促进省际高等教育布局优化，缩小发达地区与欠发达地区之间的差距，努力改变高等院校在各省的分布不均，难以与当地经济建设的需求相适应的状况，使各省的高等教育布局得到较为均衡的发展。

与以往的"985 工程"、"211 工程"相比，"双一流"建设无疑将为进一步促进省际高等教育布局优化发挥重要引领作用，奠定未来几十年中国高等教育的基本格局；将更加重视对中西部地区和人口大省高等教育重点建设的扶持，使高等教育机构、层次、科类、形式、学校类型等在地区分布上的构成合理化。

从云南大学、郑州大学、新疆大学已公布的各自的一流大学建设方案看，都是把服务区域社会发展、努力做出一流贡献作为自己的追求，并以三步走的方式设定了近期、中期以及远期建设目标。例如，云南大学提出立足西南边疆，面向南亚、东南亚，建设在人才培养、科学研究和国际影响力等领域享有卓越声誉的世界一流大学；在学科建设方面，重点建设民族学一级学科、高原山地生态与地球环境学科群、边疆治理与地缘政治学科群、生命与分子科学学科群和天文学一级学科等学科（群）。郑州大学提出立足河南，面向全国，放眼世界，建世界一流大学，重点建设肿瘤防治与转化医学、绿色催化、资源材料、中原历史文化、工程安全与防灾和绿色高效农业 6 个一流学科。新疆大学提出要成为中亚地区最具影响力的一流大学，重点建设丝路经济文化与西北边疆治理、新疆优势特色资源与科学、新疆信息化与可再生能源技术等学科群。

第二章 地方高校治理体系现代化的概念分析

第一节 地方高校治理体系的概念分析

概念是思维中的具体，准确地把握概念有助于提高思维的实践力；而厘清概念的内涵与外延是准确把握概念的基本前提。[①] 地方高校治理体系是国家治理体系在地方高等教育领域的具体表现和应用，而地方高校治理体系作为一个内涵丰富的概念，要对地方高校治理体系的概念进行分析，先要准确厘清和把握国家治理体系的概念。由于"治理"的理念就是在差异中寻求共识，在共识中能够保持多样，这一开放性特征使得"国家治理体系"的概念缺乏统一的权威界定。[②] 目前，不同的学者从多种角度或视角来界定国家治理体系的概念，主要表现在以下几种观点：一是从制度论的角度将国家治理体系理解为一系列制度和程序。如俞可平认为："国家治理体系是一系列制度和程序，其目的是对社会权力进行规范约束和对公共秩序进行维护。"[③] 二是从工具论视角将国家治理体系界定为实现国家治理的方法、方式、途径和手段的综合，同时包含不同层次和不同领域的治理。有的学者坚持这一观点，认为"国家治理体系是实现国家治理的道路、方法、途径的综合，主要包括政治、经济、文化、环境等不同领域的治理和政府、社会、基层与民间等不同层次的治理。"[④] 三是从系统论角度

---

① 程广文. 地方性大学：概念分析及其意义［J］. 湖北社会科学，2017（04）：172－178.

② 杨清. 区域教育治理体系现代化：内涵、原则与路径［J］. 教育学术月刊，2015（10）：15－20.

③ 俞可平. 推进国家治理体系和治理能力现代化［J］. 前线，2014（01）：5－8.

④ 王嘉让. 努力推进国家治理体系和治理能力现代化［N］. 陕西日报，2013－11－19（005）.

出发，认为国家治理体系是由不同的分系统所组成的整体，包括国家治理主体、国家治理客体、国家治理目标和国家治理方式等要素。丁志刚认为"国家治理体系是由不同的要素所构成的完整系统，这种完整的系统主要包括治理主体、客体、目标和方式等要素。"⑤ 四是从机制体制的视角将国家治理体系描述为在一定的价值理念指引下，为实现国家治理的一套体制机制。有的学者认为"国家治理体系是在一定的国家治理理念的指导下，使得国家治理活动顺利开展的一套机制体制。"⑥ 虽然，不同学者们对国家治理体系内涵界定的视角不同，其对国家治理体系的认识与理解也不尽相同，但是，关于"国家治理体系"的基本理念已经得到一致认同：系统性——国家治理体系是一系列由不同要素所构成的完整系统；工具性——国家治理体系是实现国家治理治理的各种方式、方法、途径和手段的综合；目的性——国家治理体系是通过开展国家治理活动来实现规范治理主体行为、权力以及维护治理秩序的目的。

地方高校治理体系作为国家治理体系的重要组成部分，两者的关系比较紧密，其关联性较强，是国家治理体系在地方高等教育从宏观层面向微观层面、从顶层设计向具体实践的拓展与延伸。因此，根据前文对国家治理体系概念的透析，地方高校治理体系可以界定为：以先进的治理理念为指导，在高校治理主体多元参与、彼此协商和平等对话的基础上，通过运用合理有效的治理方式和途径，来规约高校治理主体的行为和权力，以及参与并解决高校公共事务与公共问题，从而最终实现高校"善治"和高等教育现代化目标的一系列机制体制、制度的总称。从构成要素来看，地方高校治理体系其实际上包括了治理理念、治理主体、治理方式、治理目标、治理机制体制、治理制度等不同要素组成的治理框架系统。

第二节 现代化的概念分析

何为地方高校治理体系现代化？对这一问题的探讨也可以从"现代化"概

---

⑤ 丁志刚. 如何理解国家治理与国家治理体系 [J]. 学术界，2014（02）：65—72.

⑥ 辛向阳. 推进国家治理体系和治理能力现代化的三个基本问题 [J]. 理论探讨，2014（02）：27—31.

念的角度来理解剖析地方高校治理体系现代化的内涵，为此，这就需要对"现代化"的概念进行分析。但是，由于"现代化"作为一个专有学术概念运用于社会各领域，其概念具有复杂性，这就导致对"现代化"概念的理解和解释具有多层次性和多样性。⑦ 现代化"作为动词，具有转变之意，就是"化现代"，即"转变为现代"。现代化是一个自然演进、不断进步和转变的过程，也是一个追求和实现目标的过程，在这个意义上，现代化不仅包括了传统社会向现代社会的转变和变迁过程，而且也包括了传统社会转变为现代社会的发展目标。正如马敏认为"现代化是由传统社会向现代社会的整体转型，并引起社会经济、政治、文化、生态和历史等领域发生相应变革的历史过程。"⑧〕现代化的核心和魂灵是现代性，现代化作为一个过程，是促进人的现代性不断增长和提升的过程。假使人的现代性没有得到提升，那么现代化就会因失去根本而变得苍白无力。有学者也认同这一观点，褚宏启就指出："要想深入理解现代化首先关键是要理解现代性，一旦脱离现代性，现代化就成为没有实质的空壳、没有内容的形式、没有灵魂的过程。"⑨ 在此基础上，他认为教育现代化的魂灵是教育现代性，教育现代化是一个促进教育现代性不断增长和提升的过程，最终促使传统教育向现代教育转型。"现代化"一词具有较强的时间意涵，它是指从中世纪结束以来一直延续到现在的一个时段。孙绵涛认为"在时间上，现代化一般指思想启蒙及工业革命后到现在的这个时代"。⑩ 同时，现代化一词也隐含着社会的发展与变迁，折射出社会的持续进步与美好生活的探索。在张应强看来，"现代化观念起源于人类进步的观念，即确信人类社会的发展是一个不断进步的过程，而不是循环过程，确信人类将走向光明的未来"。⑪ 因此，现代化是人类追求社会发展进步和美好生活的探索的持续过程。依据以上对现代化概念剖析可知，

---

⑦ 赵茂程，程广文.大学文化认同：新建地方性本科高校特殊性［J］.扬州大学学报（高教研究版），2020，24（02）：1—8.

⑧ 马敏.现代化的"中国道路"——中国现代化历史进程的若干思考［J］.中国社会科学，2016（09）：28—40.

⑨ 褚宏启.教育现代化的本质与评价——我们需要什么样的教育现代化［J］.教育研究，2013，34（11）：4—10.

⑩ 孙绵涛.现代教育治理体系的概念、要素及结构探析［J］.教育研究与实验，2015（06）：52—56.

⑪ 张应强.高等教育现代化的反思与建构［M］.哈尔滨：黑龙江教育出版社，2000：14.

现代化是一个具有包容性的词汇，是一个由传统向现代不断持续变革、跨越和发展的动态过程，其基本内涵是"转变"和"变迁"。

第三节　地方高校治理体系现代化的内涵

现代化作为一种历史现象，不是仅发生在某一个特殊时间段或某一社会特定领域，而是渗透于特定的时空下社会领域的方方面面，地方高校领域也不例外。基于此，根据现代化概念的分析，并结合前文对地方治理体系内涵界定的基础上，尝试将地方高校治理体系现代化理解为：地方高校治理体系现代化是一个不断丰富、发展和实现地方高校治理理念现代化、治理主体现代化、治理方式现代化、治理机制体制现代化、治理制度现代化的过程，其本质上是探究地方高校如何从"管理"传统样态向"治理"现代形态不断持续转变的过程。具体包括五个方面的转变：一是治理理念由"管理"向"治理"转变。地方高校管理以过去传统的科层管理理念为指导思想；而地方高校治理以现代化的治理理念为指引。二是治理主体由"单一"向"多元"转变。地方高校管理主体主要以政府及其教育行政部门为主；而地方高校治理主体包括政府、社会、市场、高校等其他利益相关者。三是治理方式由"人治"向"法治"转变。地方高校管理主要以行政命令或行政计划的方式执行，彰显"人治"的治理逻辑；而地方高校治理主要以正式的高等教育法律规章制度和非正式的民主协商合作契约制度的方式运行开展，显出"法治"思维和法治方式。四是治理机制由"上令下行"向"多元制衡"转变。地方高校管理机制强调在行政管理体制结构中，"上令下行"是管理行为的基本样式，这种管理行为凸显出权力自上而下运行和强调下级对上级的负责与服从；地方高校治理机制注重在公平、公正、民主、合作的基础上以对话、协商、认同等为核心内容的多元合作长效机制，切实保证多元利益主体的利益需求。五是治理制度由"单一供给"向"多元复合供给"转变。在管理模式下地方高校管理制度往往主要靠传统政府供给，其制度单一并供给不足；在治理模式下地方高校治理制度强调多元利益相关主体平等参与，供给多样化的复合制度。

第三章　双一流建设与地方高校治理体系现代化

第一节　双一流建设的提出与内涵

一、双一流建设的提出

双一流建设是国家重大战略，改革开发至今，我国经济、政治、社会发展已经达到了一个比较高的水平，需要有这样的国家战略。另外，21世纪以来，随着全球化和知识经济的快速发展，以及我国科教兴国和人才强国的战略的推进，需要不断提高全体国民的素养，实现我国由人口大国向人才强国转变。在新时代背景下，如何满足人们对教育的高质量需求，因此，国家提出了加快推进世界一流大学和一流学科建设。"双一流"建设的概念，首次在2015年国务院颁布的《统筹推进世界一流大学和一流学科建设总体方案》中提出，作为新时期促进高等教育发展的一项新的战略部署。此方案颁布标志着"双一流"建设战略正式启动与实施，同时提出将985、211工程，优势学科创新平台、特色重点学科建设等重点建设项目纳入世界一流大学和一流学科建设。围绕两个一百年的重要发展战略，将建设一流大学和一流学科分成三个阶段给予开展。为了更好地推动一流大学和一流学科建设项目，2017年1月，教育部联合多个部门印发了《统筹推进世界一流大学和一流学科建设实施办法（暂行）》明确了双一流建设高校和学科的遴选条件、程序、管理机制等问题，同时对如何统筹推进世界一流大学和一流学科建设提出比较详细具体的操作实施措施。2018年8月，教育部、财政部和国家发改委发布了《关于高等学校加快"双一流"建设指导意见》，此意见对加快建设"双一流"提供理论指导，引导高校加强"双一流"建设具有重大的意义。2019 年 2 月，国务院印发《中国教育现代化 2035》再次提出要分类建设一批世界一流高等学校，建立完善的高等学校分类发展政策体系，引导高等学校科学定位、特色发展。

二、双一流建设的内涵

随着当下"双一流"建设开展如火如荼，"双一流"建设已经受到广大社会各界的关注，地方高校如何推进"双一流"建设，首先应该对"双一流"建设的内涵进行厘清。目前，学者们对"双一流"建设内涵理解不同，存在以下几种看法：一是将"双一流"建设的内涵理解为一流人才的培养。如钟秉林教授认为大学的核心是人才培养，双一流建设的内涵是一流人才培养。[12] 有的学者也认同此观点，认为"双一流"建设的主要关键和着力点是培养本科教育人才。[13] 还有的学者认为"双一流"建设的核心内涵是人才培养，是高校发展的主线。[14] 二是将"双一流"建设的内涵在于一流学科的建设。如有的学者认为，"双一流"建设的关键是学科、专业、课程一体化建设，学科建设处于基础地位。[15] 三是将双一流"建设的重要内涵是一流专业的建设。如杨兴林教授认为从高等教育本质和"双一流"建设的内在要求来看，"双一流"建设重要内容是一流专业建设。[16] 结合以上对"双一流"建设不同理解，为更加明晰"双一流"建设的内涵奠定基础，笔者认为"双一流"建设是以培养一流人才为核心、一流专业为基础、一流科学研究为支撑，通过一流学科建设来推动一流大学建成。

第二节　地方高校治理体系现代化的目标

地方高校治理体系现代化是一个从传统"地方管理"体系向现代"地方治

---

⑫　钟秉林 . 扎实推进世界一流大学和一流学科建设［J］. 教育研究，2018，39（10）：12—19.

⑬　别敦荣 . 论"双一流"建设［J］. 中国高教研究，2017（11）：7—17.

⑭　刘兵飞，郑文 . "双一流"建设：传统超越之思［J］. 高教探索，2018（12）：5—9.

⑮　潘静 . "双一流"建设的内涵与行动框架［J］. 江苏高教，2016（05）：24—27.

⑯　杨兴林 . 关于"双一流"建设的三个重要问题思考［J］. 江苏高教，2016（02）：40—43＋48.

理"体系的过程，通过理念、主体、方式、机制、体制、制度等要素转变和变革，从而最终实现地方高校治理的民主、法治、科学、效率等主要目标。

一、以民主治理为目标

民主治理是实现地方高校有效治理的基本前提，也是实现地方高校治理体系现代化的必然选择。坚持民主治理原则，就是要求在推进地方高校治理体系现代化的过程中，充分体现人民的主体地位，尊重政府、社会、高校、企业等多元地方高校治理主体的个人意愿，加强对地方高校多元治理主体的资源分配，并赋予他们共同平等参与地方高校治理的权利，使得他们积极地、主动地参与高等教育的办学、管理的过程中来，协同、共同治理高校各项具体事务，从而真正地保障地方高校治理过程的民主和地方高校治理结果符合民意，满足地方高校多元治理主体的利益需求。

二、以法治为目标

依法治理是地方高校治理合法性的重要来源，同时也是地方高校治理体系现代化的本质要求。在推进地方高校治理体系现代化过程中要坚持依法治理的原则，这就要求地方高校多元治理主体在参与地方高校治理过程中，严格遵守高校法律规章制度，并按照其法律规章制度的程序要求来治理地方高校，履行各治理主体的权利和义务，从而构建有效的地方高校治理新秩序和实现地方高校治理结果效益化，最终为地方高校治理体系现代化服务。

三、以科学治理为目标

科学治理是地方高校治理科学性的核心依据，也是实现地方高校治理体系现代化的前提条件。地方高校治理体系现代化的过程包含了地方高校治理体系的科学化过程，推进地方高校治理体系现代化，需要遵循科学治理原则，这就意味着在遵循地方高校发展客观规律基础上，按照科学的地方高校治理理念和科学的治理思维，通过合理运用科学的技术和手段来对地方高校治理过程中出现的问题给予处理和解决。科学治理原则与地方高校治理体系现代化具有密切的内在联系，将科学的精神、科学的思想和理论以及科学技术手段不断融入地方高校治理体系，有助于促进地方高校治理体系现代化的实现。

四、以高效治理为目标

高效治理是地方高校治理实施的内在要求和基本目标，也是衡量地方高校治理体系现代化的重要标准。地方高校高效治理即是在特定的单位时间内，通过降低地方高校治理成本，从而取得最优或最佳的地方高校治理成效。而地方高校治理体系运行的效率高低是影响地方高校治理体系现代化水平的重要因素，地方高校治理高效率化对推进地方高校治理体系现代化发挥着"加强器"和"助推器"的作用，因此，推进地方高校治理体系现代化，应遵循高效治理原则。这就意味着当地方高校治理体系一定时，地方高校治理体系运行效率越高，地方高校治理成本越低，地方高校治理体系现代化水平就越高。

第三节　"双一流"建设为优化地方高校治理体系提供良好机遇

"双一流"建设方案的提出与实施，以绩效为杠杆，积极鼓励不同高校之间公平竞争，打破彼此学科界限，构建科学的学科评价体系，为我国各大高校提供学科发展平台。对地方高校而言，地方高校十分重视治理体系建设，由于目前地方高校长期受 211 工程、985 工程重点建设项目中"身份固化、竞争缺失、重复交叉"等问题影响，地方高校治理体系改革还存在一些问题。而"双一流"建设方案，为优化地方高校治理体系，实现地方高校跨越式发展提供新的发展机遇。

一方面打破原有的身份固化，积极推进地方高校治理体系改革。长年以来，国家为了办学效益，通过实施"211 工程、985 工程"、"特色优势学科与重点学科"等项目工程，将优质的高等教育资源向重点学校倾斜，而造成地方高校办学资源紧缺，久而久之将会导致重点学校与地方高校处于严重的失衡状态，地方高校发展受限，致使地方高校治理体系改革动力存在不足。随着"双一流"建设推进，国家应该着重打破原有身份固化，积极构建高校和学科建设进出动态调整机制。地方高校在破除身份固化的影响下，增加了地方高校办学治校的信心，这就一定程度上加快推进地方高校治理体系改革，尽早争取成为"双一流"地方高校。

另一方面引入公平竞争机制，为实现地方高校治理体系现代化提供资源支持。"双一流"建设坚持鼓励公平竞争的原则，实行"可进可出"的动态调整机制。因此，在此影响下，地方政府积极出台了高水平大学建设计划，加大对地方高校学科建设和办学水平的支持，如财政经费支持、硬件资源、软件资源支持，一定程度上充分激发了地方高校办学活力，深化了地方高校管理体制机制改革，从而为地方高校治理体系现代化提供资源支持。

第二部分
路径探索篇

第四章 双一流建设背景下地方高校治理体系现代化的困境

第一节 治理理念困境

目前地方高校治理体系现代化首先面临的重大问题是没有建立起与地方高校治理体系现代化相适应的治理理念，主要表现为以"一元管理"行政管理理念为主导，呈现线性治理思维，严重影响地方高校治理体系现代化的推进。长期以来，深受马克斯.韦伯的"一元管理"行政管理理论的影响，强调对一切社会事务主要采用政府集权式管理模式[17]对地方高校治理体系而言，政府采用"一元管理"的理念和集权式管理体制，这必然导致地方高校治理主要靠政府来支持与推动，使得社会、企业、市场难以深度参与甚至无法参与地方高校治理全过程。具体包括：从政府与高校之间关系维度来看，政府完全决定着地方高校办学自主权、课程教学权、经费权等，地方高校一直扮演着政府的"附属机构"，处于被管与被控制的状态。从社会与高校之间关系维度来看，政府在其间扮演着"中间人"的角色，政府对社会参与地方高校治理存在"不放心"的态度，或多或少地干预到社会参与地方高校治理环节中，同时政府的放权幅度以及内容选择都左右着社会与高校之间关系的变革与调整。由此，可以看出深受"一元管理"行政管理理念影响并且根深蒂固，致使"共治"、"协治"、"善治"的治理理念缺失，对系统地推进地方高校治理体系现代化造成阻碍。

---

⑰ 童丰生，魏寒柏，张海峰.高等地方高校治理体系现代化的"三个转变"[J].教育与职业，2016（05）：7—10.

第二节　治理主体结构困境

地方高校治理结构涉及政府、高校、社会等多元治理主体的权力分配、配置和地方高校的运行机制。主要包括：地方高校外部治理结构和地方高校内部治理结构，其中地方高校外部治理结构是指协调和理顺地方高校外部治理关系，即理顺和协调政府、社会、高校三者之间的关系。一是政府与地方高校之间存在严重的依赖、依附关系。政府通过直接管理或计划命令的方式行使自己所拥有的管理权，对高校内部的教学、学科、专业、课程设置、日常事务、人事等事务进行干预，使得高校自主治理权缺失；另外，地方高校也过度依赖政府资源支持，同时在思维方式、组织设置等方面与政府高度同构，一定程度上制约了地方高校治理体系现代化进程的推进。二是不管从广度和深度层面上来看，社会组织或中介机构参与地方高校治理存在严重不足，影响了社会组织和中介机构在地方高校治理中的作用发挥，从而某种程度上阻碍了地方高校治理体系现代化推进。

高校内部治理结构主要指地方高校内部各主体之间的关系，这一关系的主体主要包括管理人员、教师、学生以及其他组织，关系是指地方高校内部各主体之间的权力和义务关系，包括：党委政治权力、校长行政权力、教授（教师）学术权力、师生民主管理权等。地方高校内部不同治理主体及其权力构成了地方高校内部治理结构，而理顺和协调好各治理主体之间的权力关系有助于优化高校内部治理结构，从而加快推进地方高校治理体系现代化的进程。但是，目前地方高校内部治理结构存在诸多问题：一是党委领导政治权力和校长的行政权力界限不清晰。虽然高校制定一系列法律法规对党委的政治权和校长行政权力做出明确的界定，但是在实际运行中出现"领导不负责、负责不领导"，职能交叉、权限不明确重叠、以党代政、党政不分的现象，一定程度上违背分权制衡的原则，不利于民主治理，影响高校治理体系现代化进程。二是高校行政权力挤压教授（教师）学术权力，行政权力与学术权力失衡。我国高校组织结构套用政府行政结构体系，导致高校以行政权力为主，行政权力泛化，行政权力主导的行政化管理大大伤害了教学科研人员的积极性，使得以教师（教授）为代表的学术组织的学术权力弱化，教授治学偏于形式化。三是以高校师生为代表的民主管理权式微，教师和学生在高校管理中的作用发挥不足，师生未能参与高校制度、重大决策的制定、协商与监督，并非真正的民主决策而是象征性的履行程序。

第三节　治理方式困境

法治是现代治理体系的基本特征，是实现地方高校治理体系现代化的重要基础和衡量治理体系现代化的重要标志。高校一直倡导"以人为本"的理念，一切以教师和学生为中心，尊重学生和教师。但是，长期深受官本位的思想，法制意识单薄，法制保障缺乏，使得地方高校内部治理主体的权力发生异化现象，主要表现为"人治"的治理逻辑，久而久之形成了"谁官大、谁治理"的惯习，一定程度上阻碍和嵌制了高校治理体现现代化目标的实现。法治是取决于是否具有具有健全的法律制度，如果没有完备的教育制度，高校治理难以长治久安，制度是高校治理不以个人的意志为转移的保障，大学治理应该努力实现从"人治"向"法治"的转型。

第四节　治理制度困境

健全和完善地方高校治理法律法规和制度体系，是保障地方高校治理活动开展的基础，也是实现地方高校治理体系现代化的前提。而目前地方高校治理制度不健全、安排滞后，影响地方高校治理体系现代化的推进。主要表现为：一是对地方高校外部治理结构来说，虽然颁布来了《中华人民共和国高等教育法》，但是对政府监管高校办学活动、办学手段缺乏具体规定，没有完备的法律法规去保障高校法人地位，高校自主办学难以保障。二是地方高校治理缺乏比价完善的大学章程加以规范，高校内部治理制度尚未健全，如高校的党委领导行政权力界限、职责无法用明确的制度加以规定；教授以何种方式参与高校学术治理缺乏制度性规定；同样作为教师和学生以何种方式参与高校管理事务也缺少制度加以规定。三是地方高校内部治理的监督制度还不完善，高校系信息公开制度和监督制度不完善，难以保证师生、公众对高校治理的信息有知情权、参与权和监督权。即使国家制定一些法律法规来保障师生拥有一定监督权，但是由于政治权力、行政权力的制约，制度保障缺失，导致高校师生无法拥有实质性的监督权，因而成为政治权力、行政权力的补充或民主管理在形式上需要。

第五节　治理机制困境

破解地方高校改革发展深层次的体制机制障碍是地方高校治理现代化的现实症结，推进地方高校治理体系现代化必须加快实现地方高校治理机制的改革与创新，这就需要从机制系统性角度出发，构建合理的地方高校治理机制体系，才能保证地方高校治理工作得以切实落实与推动。然而，我国高校治理机制面临着诸多困境：首先，高校治理的监控评价机制不健全。一直以来，受政府宏观管理体制的影响，高校治理监控评价机制以甄选、结果为导向，难以挖掘高校治理过程中出现的问题，难以发挥"过程性"评价机制。其次，对高校治理结果质量和绩效缺乏问责反馈机制，使得高校办学、评价难以调整，一定程度上降低了高校治理的效率和造成高校治理主体的责任推卸。最后，高校多元治理主体参与共治机制不健全，由于受"一元管理"行政管理理念的影响，政府对高校实行全面强制性管理，同时政府对社会组织参与高校治理表示"不放心"、"怀疑"态度，加之社会组织自身不成熟，社会参与高校治理不足。另外高校自主性、独立性缺乏，更多依赖政府的支持，高校自治不够。因此，高校多元主体参与共治的机制很难形成，一定程度上阻碍了高校治理体系现代化实现的步伐。

第五章 双一流建设背景下地方高校治理体系现代化的路径

第一节 树立"共治"、"协治"和"善治"的治理理念

理念是行动的先导,先进的教育治理理念为教育治理体系现代化开拓了新的思路和方法。[18] 对地方高校治理体系而言,治理理念现代化是地方高校治理行动的先导,是地方高校治理体系现代化的逻辑起点,用先进的治理理念为推进地方高校治理体系现代化提供切实有效的指导,具体来说,就是推进地方高校治理体系现代化,要坚持"共治、协治、善治"的治理理念。

一是坚持"共治"的治理理念。共治理念主张治理主体多元化、治理方式平等合作、最大程度上充分发挥各治理主体在治理过程中的作用。[19] 对地方高校治理体系来说,这就要求地方高校多元治理主体需要基于共同的地方高校治理目标,行使自身所拥有的职权,以平等的身份进行协商合作,共同参与地方高校治理,从而形成"多元共治"的新格局,更好地调动各治理主体的积极性,充分发挥他们在地方高校治理过程中的作用。

二是坚持"协治"的治理理念。协同治理是指以平等、合作为基础,多个治理主体通过协作、协调与协商方式来建立伙伴关系、构建协调网络与利益协调,使得多个治理主体形成完整的治理体系系统。[20] 对地方高校治理体系而言,将协同治理理念引入地方高校治理过程中,构建多元治理主体的互动型伙伴关系,形

---

⑱ 何水,高向波.教育治理能力现代化:关键要素与推进路径 [J].现代教育管理,2021(04):16—22.

⑲ 陈瑞,苏莉莉.地方高校治理现代化的理念与路径 [J].百色学院学报,2021,34(03):139—142.

⑳ 盛欣,姜江.协同治理视域下高等教育治理现代化探究 [J].当代教育论坛,2018(05):68—74.

成相互支持与补充的协调机制，保证地方高交多元治理主体之间良性互动；同时充分发挥各治理主体的协同效应，对地方高校治理主体的利益进行协调，落实各治理主体的职责，从而实现地方高校治理过程中利益共享，改善地方高校治理效益。

三是坚持"善治"的治理理念。善治是治理的最终目标和治理行动的价值诉求，也是社会发展进步到一定阶段的需要和产物。[21] 所谓"善治"即"好的治理"是指通过公共治理行为以达到公共利益最大化的过程。对地方高校治理体系来说，地方高校治理崇尚和追求"善治"，就是要求地方高校多元治理主体在权责利对等的基础上，通过协商、合作、沟通等方式来有效化解和解决地方高校治理过程中出现的症结和问题，并以"善治"为价值诉求，加强地方高校多元治理主体的使命感与认同感，增进地方高校的公共性与公益性，最终实现地方高校公共利益最大化以及地方高校"善治"目标的达成。

第二节　优化地方高校内外治理结构

完善和优化地方高校治理结构是构建地方高校治理体系的关键，也是推进地方高校治理体系现代化的根本动力，需要明确落实地方高校治理主体的职责，发挥地方高校各治理主体在地方高校治理过程中的作用与功能。具体来说，就是要赋权增能于地方高校各治理主体，提高各治理主体的治理能力，确保地方高校多元治理主体各在其位、各司其职、协调互动，充分发挥他们在地方高校治理体系现代化过程中的作用。

一、优化地方高校外部治理结构

从地方高校外部治理主体来看，要协调和理顺政府、社会、高校之间的关系，充分发挥政府、社会、高校在地方高校治理过程中的作用。首先，政府在地方高校治理体系现代化中发挥主导作用。

主要表现为：第一，政府在地方高校治理中要发挥好宏观调控和协调作用，

---

[21]　周建松，陈正江，吴国平 . 关于高等高校治理体系建设的思考［J］. 教育与职业，2016（16）：29－31.

如政府在高校法律制度建设、地方高校资源整合、监督高校发展事项等方面进行全面调控，同时，政府要协调好地方高校各治理主体的利益冲突，充当好利益博弈的"平衡器"角色，避免利益主体之间矛盾发生，从而使得地方高校多元治理主体协同共治产生最大地方高校治理效果。

第2，政府要做到科学确权、适度放权、善于让权、敢于监权，使得地方高校治理权在不同治理主体之间进行科学分配。具体包括：政府在法律框架范围内，制定科学规范的地方高校法律制度，明确政府、社会、行业组织、企业以及高校等地方高校治理主体的权责；政府适度向地方高校放权，将专业设置、课程建设、教师评聘等职能归还给高校，提高高校办学自主权，解决政府"不该管"的事务，保证高校自治、办学自主性以及教学活动的专业性；政府善于向社会、行业组织、企业让权，将评估办学、教学质量和教育决策等职能转让给社会、行业组织、企业，提高社会、行业组织、企业参与地方高校治理的积极性，解决政府"管不好"的事务；政府要敢于监权，运用一系列政策工具和手段对地方高校治理过程和地方高校治理质量进行引导和问责，保障地方高校治理活动的高效。

第三，政府为地方高校治理体系现代化创造良好的内外部环境。具体来说，政府通过采取一定的手段或措施来使得地方高校外部和内部环境治理工作得以推进，为地方高校治理顺利实现和健康发展搭建良好的外部生态环境与内部体系环境，从而最终为推进地方高校治理体系现代化提供有利便捷的条件。

其次，社会、行业组织与企业在地方高校治理体系现代化中发挥参与的作用，即地方高校治理体系现代化的推进，离不开社会、行业组织与企业的参与与支持。对社会而言，一方面社会通过资源性支持方式参与地方高校治理，社会可以通过向地方高校提供硬件资源、软件资源、经费资源、人力资源等来参与地方高校各项事务的管理，并且对地方高校治理出现的困难和问题提出相应的建议和意见，从而来保证社会深度参与地方高校治理；另一方面社会通过参与性支持方式参与地方高校治理，如积极建立非营利性、公益性的社会中介监督与评估机构，通过协议、合同的方式参与地方高校质量和地方高校治理运行现状的监督与评估，实现地方高校评估专业化，从而充分发挥社会在地方高校治理中的参与作用。

对行业组织与企业而言，需要强化行业组织、企业是地方高校重要参与者的角色，充分赋权行业组织、企业参与地方高校治理，[ ] 主要包括行业组织、企业参与地方高校发展和决策、课程的设置与实施、人才需求规划和培养质量评价等方面，从而来不断提高行业组织、企业参与地方高校治理的能力，真正彰显行业组织、企业在地方高校治理中的价值与功能。

最后，高校在地方高校治理体系现代化中发挥主动性的作用。主要表现为：一是从高校自身角度来看，高校作为地方高校重要实施机构，通过深化高校体制改革，科学合理地调整高校治理结构，形成高校内部治理合力，从而提升地方高校治理效率和确保地方高校治理活动的开展。二是从高校外部治理主体角度来看，高校应当树立自主治理的理念，尽量减少对政府行政命令的过度依赖，加强高校行使自身所拥有的自治权，明确高校在治理过程中的主体地位。三是从高校内部治理主体角度来看，积极培育教师、学生参与高校治理的能力，发挥教师、学生参与高校管理事务的作用，如在高校重大管理活动过程中尊重、参考教师、学生的建议与意见，彰显高校治理的公共性与民主性，最终形成师生共同参与高校治理的局面。

二、优化地方高校内部治理结构

从地方高校内部治理结构来看，科学划分权限，平衡各种权力之间关系，构建党委领导政治权力、校长行政权力、教授学术权力、师生民主管理权力共治的局面，从而来优化地方高校治理结构。具体来说，首先明确党委领导的政治权力和校长的行政权力的界限，依法分清各自职责，各司其职。党委领导主要是做好政治、思想、组织的领导，把握高校发展方向，对学校的重大决策和决定的执行有监督权；校长作为高校法定代表人，全面负责教学、科研、其他行政管理工作。党委领导不包办、代替校长行使法律规定的职权，同时校长行使自己的职权不能削弱和脱离党委领导。只有党委领导和校长分工合作，共同负责，形成一种"合力"，这样有利于高校内部治理高效运转；其次，平衡好行政权力与学术权力，高校应该保障学术权力得以落实，充分发挥教授治学作用，明晰教授的学术权力与行政管理人员的行政权力分工，行政权力不插手或不左右学术权力，真正保证以教授为代表的学术委员会在学校组织的职权、作用和地位，发挥教授在学术事务和学术活动中作用。最后，保证高校师生民主管理权，真正让高校教师和学生真正参与到高校管理的全过程，具体包括：一方面高校要让师生为学校管理和发展献言计策；另一方面建立教职工代表大会制度让教师依法参与民主决策、民主监督。只有这样才能实现"民主治校"，使得师生的民主管理权得以保障。

第三节　采用法治的高校治理范式

高校依法治理是提高高校法治化，是建设现代高校制度的内在要求，也是衡量高校治理体系现代化的重要价值尺度。地方高校治理体系现代化需要以健全和完善的地方高校治理法律法规为基本前提和运行保障，以地方高校治理法律法规现代化助推地方高校治理体系现代化的实现。

而健全和完善地方高校治理法律法规，第一，加快建设地方高校治理法律法规体系。政府要在对地方高校治理现状分析的基础上，充分结合考虑各治理主体的利益诉求，构建独立的具有可操作性的地方高校治理法律法规，同时尽快修订和完善《高等教育法》，并健全与《高校自治法》相配套的一系列地方高校法律法规，从而以法律形式来明确地方高校各治理主体的地位、权利、责任和义务，以及激发他们的主观能动性，充分发挥各治理主体在地方高校治理中的作用和功能，为地方高校治理体系现代化保驾护航。

第2，加强地方高校治理法律法规体系的创新和重建重组。随着地方高校外部环境的不断发展变化以及新时代对地方高校的要求，需要建立地方高校法律法规的创新机制，与时俱进对地方高校治理法律法规进行更新和重组，为地方高校治理体系现代化提供法律依据和法律保障。

第三，将成熟地方高校治理政策提升为地方高校治理法律法规。要抓住适当的时机，将一些发达地区的地方高校治理实践运行多年，并经历过长期社会考验，获得认可的一套系统成熟的地方高校治理政策，提升为地方高校治理法律法规，为地方高校治理法律法规健全和地方高校治理体系现代化提供实践依据。通过构建和完善高校法律法规，来全面推进依法行政，使得高校治理有强大的法治基础，保障高校治理合法，为高校依法治理提供良好的法制环境，同时为高校治理事务有章可循、有法可依。

第四节　构建和形成高校治理制度保障体系

健全的制度是治理的基础，以高等教育法律法规以及制度为逻辑起点，通过构建和完善地方高校治理法律法规以及制度体系来规范地方高校治理秩序和高校治理主体的治理行为，最终实现高校治理体系现代化目标。

这就要做到以下几个方面：一是在对现有的教育法律法规修订的基础上，出台新的法律法规对高校治理问题进行修正，如对高校自主办学、自主管理、自主发展方面进行规定，摒弃一直成为政府"附庸"的局面；二是大学章程是连接国家法律和高校内部规章制度的桥梁，修订和完善大学章程，依法按照大学章程办学，制定高校内部治理制度，是高校治理体系现代化的基本要求。而高校治理制度的功能是协调高校党政治权力、教授学术权力和师生的民主管理权力关系，明确高校治理主体的职责，对权力进行配置和制衡。在大学章程的基础上，制定和完善地方高校内部治理制度包括党委领导下校长负责制度、学术委员会制度、教职工代表大会制度，为高校依法办学、自主管理提供依据。三是健全完善高校民主监督制度，发挥高校师生对高校治理事务的监督作用，具体来说，教师和学生有对高校的决策、重大决议实施有知情权、监督权和决策权，并且充分发挥师生在高校治理中的作用，真正实现"民主治理"。

第五节　健全地方高校治理机制

推进地方高校治理体系现代化关键在于构建合理的地方高校治理机制。一是构建地方高校治理监控评价机制。首先，树立"过程性导向"的地方高校治理监控评价理念。在地方高校治理体系现代化过程中，坚持过程性的监控评价导向，其实质上是强调摒弃过去传统地方高校以"甄选"、"淘汰"为主的诊断性和结果性监控评价，极力主张以"指导"为主的过程性监控评价，最终目的是对地方高校治理体系过程中存在的问题和困境给予及时解决，为推进地方高校治理体系现代化提供有利条件，同时真正发挥地方高校多元治理主体的监控评价功能，彰显"以评促改、以评促进"的理念。其次，构建独立的第三方地方高校治理监控评价机构。在国家层面，努力构建由专业人员、行业组织、企业、社会组织等组成的相对独立、专业的第三方地方高校治理监控评价机构，对地方高校治理的规划、过程和绩效，进行全方位的专业监控和评价，收集地方高校治理所需要的信息，并定期发布地方高校治理情况的评估报告。最后，建立地方高校治理监控评价指标体系。一方面，从地方高校治理的自身特征出发，借鉴和参照国际标准，建立一套科学规范、操作性强的地方高校治理监控评价指标体系，确保地方高校治理监控评价的科学性；另一方面，积极鼓励地方高校多元治理主体参与，坚持建立各个主体相应的地方高校治理监控评价标准，开展多元的地方高校治理评估体系，如建立政府治理评估体系、职业院校内外部评估体系、社会评估体系等。二是构建地方高校治理的反馈与问责机制。一方面通过地方高校多元治理主体构建动态的反馈机制，对地方高校治理质量和治理绩效进行多维度的综合评价，同时将评价的结果和评价信息反馈到地方高校治理的各个环节，以此倒逼地方高校办学调整和改善，从而来提升地方高校治理体系现代化的水平；另一方面，还要及时构建地方高校治理问责机制，以问责倒逼责任，确保各治理主体在地方高校治理过程中各司其职、各尽所能，并承担相应的职责，努力实现地方高校多元治理主体协同联动，以此更好地推进地方高校治理体系现代化目标的实现。三是构建地方高校治理的多元利益相关主体参与机制。利益相关者理论认为，任何组织生存、成长与发展都需要依赖于组织内部和外部利益相关者的支持与参与。而地方高校作为一种涉及多种利益相关者的组织，地方高校治理需要地方高校内外部利益相关者参与治理，从而推动地方高校多元共同治理。具体来说，这就是要积极鼓励政府、行业组织、企业、社会、职业院校等多元利益相关主体参与地方高校治理，充分保障他们在地方高校治理过程中的利益诉求，从而积极开展共同治理活动。

第三部分
协同创新与创业篇

第六章　地方本科高校校企协同创新的理论基础

当今时代，协同创新逐渐成为世界科技创新活动的一个突出特征，社会各方协同育人也已经成为培养社会需要的应用型人才的重要途径。地方本科高校作为科技第一生产力和人才第一资源的重要结合点，校企协同创新是其内涵发展、特色发展、转型发展的重要切入点，需要给予足够的理论关注，必须加强系统深入的研究。

第一节　地方本科高校校企协同创新核心概念的界定

概念是研究的重要前提之一，也是研究问题和解决问题的逻辑起点。概念帮助我们将那些思想的对象从众多有所指的可能对象中区分出来。如果思想的对象与现实中的特定表象或现象相同，则就产生了有关这些表象的概念。它们继而成为指示被研究现象的表征，并且成为实现目标的手段：应该应用概念而对现象进行尽可能全面和尽可能准确的描述。同时，还应该通过概念的应用而尽可能地提出具有普遍意义的法则性假设。从转型发展视角研究地方本科高校的校企协同创新问题，首先要对相关概念给予明确的界定和区分。

一、地方本科院校、地方新建本科高校与转型发展

地方本科院校、地方新建本科高校与转型发展是近年来高等教育领域的一个研究热点，也是一个实践课题。

所谓地方本科院校，是相对于"中央部属高校"（主要是指国务院组成部门及其直属机构在全国范围内直属管理的一批高等学校）而言，主要是指隶属各

省、自治区、直辖市，大多数靠地方财政供养，由地方行政部门划拨经费并进行直接管理的普通高等学校。

所谓地方新建本科院校，主要是指经教育部正式批准，一大批专科学校（高职学院）通过合并、升格、转制等方式组建为具有高等学历教育资格的普通本科高等学校。它们因组建时间短，实施本科教育的历史不长，通常被称为"新建本科院校"。

新建本科院校在发展中仍然存在一些问题，如产学研合作教育仍难以满足应用型人才培养的需要；专任教师依然数量不足，教学水平亟待提升；部分民办院校办学条件较差，社会满意度相对较低等。

所谓"转型发展"，一般是指事物的结构、形态、性质、模式的根本性转变过程。通常"型"与"类"联合使用组成"类型"一词，在大多数语用环境下"类型"指的是"具有共同特征的事物所形成的种类"，其含义等同于"类"（指性质或特征相同或相似事物的综合）。但是，在专门对事物进行类别划分时，"型"一般是"类"的下位概念，即先进行分"类"，因为"类"之间是质的区别，然后再对同类事物根据大小、结构、发展进程等要素按照一定的标准进行分"型"。因此，"转型"不是"变类"，不会改变事物的原有属性，而是通过对事物的组成、结构、过程等要素进行调整，以促进"类"的发展，或者使"类"的目标体现得更为丰富和多元化。高校转型是学校在明确的办学思想指导下，有目的、有计划、积极主动的办学行为。一般包含办学类型转型、办学层次转型、学科结构转型、管理模式转型等几种类型。转型发展是学校的一个特殊阶段，它不仅意味着人才培养层次和学科水平的提升，更意味着学校在人才培养、科学研究、社会服务、文化传承创新四项职能关系调整基础上的一系列适应变化。

综上所述，所谓地方本科高校转型发展，实质是高等教育的供给侧结构性改革。高等教育进入大众化发展阶段后，由于高校趋同发展导致高等教育结构不合理，学科专业结构不合理导致人才培养质量不能适应经济社会发展需要。地方本科院校向应用型转型，只是发生了"型"的变化，高等教育"类"的属性并没有改变。这样就使得高校师生对原有高等教育"高等性"的层次及身份是否会随着转型而发生改变的顾虑得以消除。"地方本科院校转型发展"描述的是地方本科院校——这类社会组织存在及变化现象的一个概念，可表述为：我国省、市主办和管理的本科高校，为了使其教学、科研、服务三项基本职能更好地满足区域经济社会发展的要求，通过改变办学理念、重设办学目标、调整办学思路、优化教学资源，达到转变人才培养模式、提升科技创新能力、强化社会服务功能的目的，学校也因此呈现出与以往不同的运行和发展的形态及预期。高校为了适应由计划经济体制向市场经济体制转变这一新的发展形势，不得不做出被动转变。同时，这也是高校为了破解趋同发展难题、获得更好发展，在积极寻求特色发展强烈动机下主动作为的一种自觉选择。地方本科院校转型发展，就是指基于高等教育发展趋势、经济需求及高校自身特点的科学定位，在办学体制、专业建设、教学模式、人才培养模式、师资队伍建设、管理服务模式等方面进行改革，把办学思路真正转到服务地方经济社会发展上来，把办学定位转到培养应用型技术技能型人才上来，转到增强学生就业创业能力上来，把办学模式转到产教融合校企合作上来，形成科学合理的高等教育结构，提高人才培养质量。

引导部分地方本科高校转型发展是党中央、国务院做出的重大决策。2014年召开的全国地方高校工作会议做出了引导一批普通本科高校向应用技术型高校转型发展的战略部署。

二、校企合作、产教融合、产学研结合与校企协同创新

校企合作、产学研结合与校企协同创新是3个较为接近又经常混用的概念，不同的学者对于三者的内涵也有着不同的理解和界定。

所谓校企合作，一般是指学校与企业在各自不同利益诉求的基础上，寻求利益交集共同发展的一种组织形式。具体而言，校企合作就是指学校与产业界在人才培养、科学研究和技术服务等领域开展的各种合作活动。在我国，校企合作并无权威定义。校企合作概念有广义和狭义之分。广义的校企合作是指教育部门与产业部门或行业机构、职业学校与企业或其他地方高校机构共同举办地方高校的一种教育模式，包括所有形式和类型的合作。在一定的语境下，广

义的校企合作还是一个概念的集合，代表产学研合作、产教结合、工学结合、工学交替、半工半读和双元制、学徒制、合作教育、官产学合作等一组概念。狭义的校企合作是指企业与职业学校的合作。

所谓产教融合，一般是指校企双方基于为企业提供合格人才和有效促进高校毕业生就业两个角度进行的深入整合双方资源的活动；体现为在大学生培养的过程中以企业需求为导向全面进行教学过程的改革，注重学生的实际操作技术和技能的培养。产教结合的基础是"产"，即必须以真实的产品生产为前提，在这样的基础和氛围中进行专业实践教学，学生才能学到真本领，教师才能教出真水平。这样的"产"不能是单纯的工厂生产，必须与教学紧密结合，其目的是为了"教"，在产教结合比较成熟的情况下，再逐步向"产、学、研"发展。产教融合，实质是产教一体、工学结合、校企合作，实现教育与企业生产的无缝对接，构建集教育教学、业务培养、岗位训练、经营理念、素质养成、科技研发等为一体的应用型教育体系。这种全面对接的教育模式，真正实现学校与企业、职业与教育、理论与实践的结合，实现了应用型院校与现代企业的双赢，不仅有利于应用型院校人才培养目标的顺利实现，而且还能推动现代企业的技术转型和产业升级，助推区域经济的健康发展。产教融合，一般要体现"五个对接"：教育教学与企业生产的对接，理论教学与生产实践对接，教学内容与职业标准对接，毕业证与职业资格证对接，地方高校与终身教育对接。

所谓产学研结合，主要是指企业（产业界）、大专院校（学术界）、科研机构（研发机构）所组成的联合体，各方以战略联盟的方式进行合作，合作各方基于各自的战略目标相互提供资源，以实现产、学、研"三赢"的结果。文献中，也有"产学合作""研学合作""政产学合作"或者是"政产学研合作"等概念，其差别仅在于不同概念所强调的主体不同、涉及的程度不同，其实际运作过程并没有太大的差异。一般来说，大学和研究机构拥有较丰富的知识储量和先进的技术设备及较强的知识创新能力，其学术研究能力的开发，本身就孕育着未来经济和社会发展的某些形态，表现为人力资本、内隐知识和知识产权。产业是指社会生产劳动的基本组织结构体系；作为产业外在表现形式或构成单元的企业则具有较强的创新需求和催生高技术产业的物质能力，能敏锐地捕捉市场动态和人们需求。产学研合作需要政府提供保障和支持，这是因为政府拥有资金和组织调控能力，是技术创新政策和环境的创造者和维护者，能够承担一定的技术创新风险。产学研结合是实现国家和区域科技、教育与产业资源整合，增强自主创新能力和综合竞争力的有效途径，是建设创新型国家的客观需要，是高校不断提高科研水平、社会服务能力和人才培养质量的必然要求，是高水平研究型大学的标志及其建设的助推器。建立以企业为主体，市场为导向，产学研结合的技术创新体系是我国推进自主创新的重大举措。加强与企业的产学研合作，推进技术创新，推动科技成果转化，是高水平大学建设的必由之路。

所谓校企协同创新，一般是指在学校与企业组织之间建立的知识分享机制，合作各方以资源共享、优势互补和共同发展为前提，以共同参与、共享成果和共担风险为准则，其表现形式一是以企业为技术需求方，以高等院校或专业科研机构为技术供给方，进而实现一项或多项技术的创新；二是以学校为育人需求方，以企业为平台供给方，依托现代通信网络构建全方位的信息交流平台，进而实现协同育人的目的。对于协同创新的参与者而言，其参与创新行为既与组织意愿有关，也与其自身的兴趣爱好、对显性或隐性收益的预期有关，更多的是参与者借助组织提供的支持，实现自身预期。校企协同创新不同于以往原始创新中的协调合作，也有别于过多关注于产品技术要素整合的集成创新，它更注重管理方式上的创新口。随着高等教育、科学研究和产业创新之间联系的日益紧密，以大科学计划或工程为目标，多学科交叉研究为基础，政府、科技服务和金融机构为服务中介，在相关主体共同参与下形成的新型创新模式得到了社会各界的广泛关注与认同。还要特别指出的是，本书所指的企业是与高校密切联系的相关单位和社会组织，是广义的企业，既包括一般意义的企业，也包括事业单位，也包括一些行业组织等。

可见，校企合作、产教融合、产学研合作、校企协同创新、工学结合等相关词语是一组近义词语。校企合作、产学研合作、校企协同创新中的"校"也有相互混同的指向。为开展研究的需要，本书将校企合作界定为高校与企业的合作，主要目的是合作育人，学校对于企业的技术引领有限；将产学研结合界定为研究型大学与企业和产业之间的合作，主要是研究型高校对企业和产业的技术引领，当然也有协同育人的目的；将校企协同创新界定为地方本科院校，特别是地方新建本科院校与企业之间的协同创新，既包括协同育人，也包括技术层面的协同研究。

第二节　地方本科高校校企协同创新的理论基础

一种教育体系的构建，它总是以一定的思想、理论和方法作为支撑的。地方本科高校校企协同创新体系的构建，也有其充分的哲学基础、生态学基础、管理学基础和教育学基础。

一、地方本科高校校企协同创新的哲学基础

协同创新的本质是制度创新（或者说是创新方式的创新），即由"单兵作战"转向"整体联动"，由"独奏曲"转向"协奏曲"；高校协同创新的哲学基础是体现事物普遍联系的系统哲学，其基本依据是系统论和协同论。

系统论是研究系统的一般模式，结构和规律的学问，它研究各种系统的共同特征。系统论的核心思想是系统的整体观念，强调任何系统都是一个有机的整体，它不是各个部分的机械组合或简单相加，系统的整体功能是各要素在孤立状态下所没有的性质。系统是事物存在的根本形式，任何事物在特定条件下均可以看作是一个系统，从宏观宇宙到微观物质，从有机界到无机界，世界万物都是相互联系的，宇宙是有组织、有条理的稳定有机整体。系统，顾名思义，"系"即联系，包括要素间的联系、要素与系统的联系、系统与系统的联系，也可以分为内部联系和外部联系；"统"即"统领"，系统对各要素具有规约作用，向着共同的目标，具有特定的功能。要素、结构、功能和环境，都是完备地规定一个系统所必需的，系统的功能依赖于其要素、结构和环境。要素性质的变化、结构构型的变化、环境条件的变化，都会影响系统的功能表现，甚至导致系统的质变。系统具有整体性、开放性、结构性、动态性、层次性特征。系统是"加和性"和"非加和性"的辩证统一，实践中既要看到系统整体的性质对于各要素性质的统摄作用，又要重视作为构成要素的各部分的性质和功能。系

统论的基本思想方法，就是把所研究和处理的对象，当作一个系统，分析系统的结构和功能，研究系统、要素、环境三者的相互关系和变动的规律性，并优化系统观点看问题，世界上任何事物都可以看成是一个系统，系统是普遍存在的。系统论的任务，不仅在于认识系统的特点和规律，更重要的还在于利用这些特点和规律去控制、管理、改造或创造一系统，使它的存在与发展合乎人的目的需要。也就是说，研究系统的目的在于调整系统结构，协调各要素关系，使系统达到优化目标。系统论的出现，使人类的思维方式发生了深刻的变化。以往研究问题，一般是把事物分解成若干部分，抽象出最简单的因素来，然后再以部分的性质去说明复杂事物。这是笛卡儿奠定理论基础的分析方法。这种方法的着眼点在局部或要素，遵循的是单项因果决定论，虽然这是几百年来在特定范围内行之有效、人们最熟悉的思维方法。但是它不能如实地说明事物的整体性，不能反映事物之间的联系和相互作用，它只适应认识较为简单的事物，而不胜任于对复杂问题的研究。在现代科学的整体化和高度综合化发展的趋势下，在人类面临许多规模巨大、关系复杂、参数众多的复杂问题面前，就显得无能为力了。正当传统分析方法束手无策的时候，系统分析方法却能站在时代前列，高屋建瓴，综观全局，别开生面地为现代复杂问题提供了有效的思维方式。

协同论，是研究不同事物共同特征及其协同机理的新兴学科，是近十几年来获得发展并被广泛应用的综合性学科。千差万别的系统，尽管其属性不同，但在整个环境中，各个系统间存在着相互影响而又相互合作的关系。其中也包括通常的社会现象，例如，不同单位间的相互配合与协作，部门间关系的协调，企业间相互竞争的作用，以及系统中的相互干扰和制约等。协同论指出，大量子系统组成的系统，在一定条件下，由于子系统相互作用和协作，这种系统会研究内容，可以概括地认为是研究从自然界到人类社会各种系统的发展演变，探讨其转变所遵守的共同规律。应用协同论方法，可以把已经取得的研究成果，类比拓宽于其他学科，为探索未知领域提供有效的手段，还可以用于找出影响系统变化的控制因素，进而发挥系统内子系统间的协同作用。系统的功能不是简单地加和，其可以产生 $1+1>2$ 或者 $1+1>2$ 的效果。只有协同，才能使要素产生叠加的非线性效用，实现 1＋1＞2 的最优目标。协同是指要素对要素的相干能力，表现了要素在事物发展过程中的协调和合作的性质。如果一个系统内各种子系统（要素）不能很好地协同，甚至出现互相拆台的现象，这样的系统其整体功能便无法发挥，就必然会呈现无序状态，终至瓦解；如果系统中各种子系统（要素）能够很好地配合和协同，"众人拾柴火焰高"，多种力量汇聚就会形成超越原来各自功能总和的新功能，如同"一个公司的不同部门之间如何一致动作，以改进公司的职能"。

二、地方本科高校校企协同创新的生态学基础

生态学是研究有机体与其周围环境（包括非生物环境和生物环境）相互关系的科学。目前已经发展为"研究物质与其环境之间的相互关系的科学"。"生态学"一词在教育研究中正式使用始于教学生态学和课堂生态学概念。目前生态学成为研究和探讨教育问题的独特视角，教育生态学的研究方兴未艾。从教育生态学角度研究校企协同创新，主要是要以社会共生论和三螺旋论理论为基础。

社会共生论，是指形式上借用生物共生论的某些概念，研究社会共生现象的一种社会哲学。"共生"原本是一个生物学概念。共生是不同生物密切生活在一起。现代生态学把整个地球看作一个大的生态系统，生物圈内各类生物间及其与外界环境间，通过能量转换和物质循环密切联系起来，即"共生"。"共生"这个概念，被社会科学工作者借用或借鉴来研究人类社会。共生被认为是支配城市区位秩序的最基本因素之一。社会共生论以人人平等为前提，每个人生而平等。勿论信仰、阶级、性别、职业、年龄等所有生物性和社会性的不同，只要你尊重他人的公民权利，那么你也拥有同等的公民权利。人之间有不同利益，团体之间有不同利益，阶级之间有不同利益，当然有冲突有竞争，但是冲突和竞争并不是要消灭对方，而是以共生为前提。每一个人都生活在共生网络里，社会由各个层面的共生系统所组成。要达到和谐共生，社会各利益主体就要在合理的"度"之内分享经济、政治、文化资源。经济资源的核心是财富，政治资源的核心是权力，文化资源的核心是知识。要实现合理分享经济资源，"必须

有自由竞争的公平""按生产要素分配的公平""二次分配的公平""提倡慈善事业，促进三次分配"；合理分配政治资源，"就必须坚持合法的选举自由的公平""合法的结社自由的公平""立法的公平""司法的公平和行政的公平"；合理分配文化资源，"必须坚持教育的公平""合法的出版自由的公平""合法的信仰自由的公平"。当然，最基本的是人必须与自然和谐共生，"人向自然索取资源，但又不造成过度破坏，并且保护环境，形成人与自然的和谐关系"。社会的进步就在于改善人的共生关系。共生关系是主体之间交换资源和分享资源的网络，每个主体既享有权利，又承担义务。权利和义务存在于共生关系之中，并且一方的权利与另一方的义务对称。以买卖为例，这是一种资源交换型的共生关系，买方的权利与卖方的义务对称，卖方的权利与买方的义务对称。买方有获得合格商品的权利，而提供合格商品正是卖方应尽的义务；卖方有获得货款的权利，而付货款正是买方应尽的义务。一方的权利得以实现，依赖于对方的义务。就是说，一方的自由得以实现，依赖于对方的自由受到相应限制。一方得到某些自由，对方便要失去相应大自由。共生关系中，人既得到自由，即得到权利，又失去自由，即失去权利而承担义务。如果所失甚多，所得甚少，那么，这种共生关系不利于自由实现；如果所得甚多，所失甚少，那么，这种共生关系有利于自由实现。例如，在奴隶与奴隶的共生关系之中，奴隶所失很多所得很少，对于他来说，这种共生关系不利于自由。反之，奴隶主所得甚多，所失甚少，对于他来说，这种共生关系有利于自由。在共生关系中，一方的所得与所失大体等价，对方的所得与所失也大体等价，那么，有利于双方的自由。因此，可以说，合理的共生关系有利于双方的自由，不合理的共生关系只有利于一方的自由。社会共生论讨论人的自由问题，不是从共生的一方出发，而是从共生的双发出发。显然，应建立合理的共生关系，改变不合理的共生关系。

　　环境离开了生物体是不存在的，生物体不仅适应环境，而且选择、创造和改变它们的生存环境，这种能力写入了基因。因此，基因、生物体和环境的关系，是一种"辩证的关系"，这三者就像三条螺旋缠绕在一起，都同时是因和果。基因和环境都是生物体的因，而生物体又是环境的因，因此，基因以生物体为中介，又成了环境的因。大学—产业—政府关系的三螺旋理论提供了一个方法论意义上的研究工具。其核心价值就在于将具有不同价值体系的政府、企业和高校在促进区域经济社会发展中统一起来，形成知识领域、行政领域和生产领域的三力合一，进而为经济与社会发展提供坚实的基础。创造这种合力的基石在于打破传统的边界，包括学科边界、行业边界、地域边界、观念边界等并在边界切面上建立起新的管理、教育和社会运作机制。三螺旋理论认为，在知识经济背景下，"高校—产业界—政府"三方应当相互协调，以推动知识的生产、转化、应用、产业化及升级，促进系统在三者相互作用的动态过程中不断提升。它强调产业、学术界和政府的合作关系，强调这些群体的共同利益是给他们所处在其中的社会创造价值。其中关键是，在公共与私立、科学和技术、大学和产业之间的边界是流动的。

三、地方本科高校校企协同创新的管理学基础

地方本科高校校企协同创新不仅仅是传统意义上的高等学校、科研院所和企业之间的产业合作，它既不同于原始创新过程中的协调合作，也有别于集成创新、引进消化吸收再创新过程中的产品技术要素整合，它更多地注重管理理念和管理方式上的创新。因此，也必须从人力资本论、相关利益论和公共治理论等管理学角度来深度分析地方本科高校校企协同创新的相关问题。

人力资本，一般是指劳动者投入到企业中的知识、技术、创新概念和管理方法的一种资源总称。人力资本是社会和个人投资的产物。随着现代科学技术的飞速发展，在劳动对利润的贡献中，体力劳动或者说普通工人的劳动退居很次要的地位，人力资本（企业家才能、高科技人员的创新能力等）凸现出重要的作用。所有的投资中，最有价值的是对人本身的投资。绝大部分资本是由知识和组织所构成，知识是生产发展的最大动力，知识是最强有力的生产发动机。人力资本理论自形成以来，已经被广泛应用于经济学的各个相关研究领域，如教育、家庭、企业与劳动力市场、经济增长等。其中教育是受影响最大、最直接的一个领域，人力资本理论成为教育与经济联系的又一基石，近年来，逐渐成为教育战略选择和政策制定的重要依据。

利益相关者管理理论是指企业的经营管理者为综合平衡各个利益相关者的

利益要求而进行的管理活动。与传统的股东至上主义相比较，该理论认为任何一个公司的发展都离不开各利益相关者的投入或参与，企业追求的是利益相关者的整体利益，而不仅仅是某些主体的利益。利益相关者以及在企业中投入了一些实物资本、人力资本、财务资本或一些有价值的东西，并由此而承担了某些形式的风险；或者说，他们因企业活动而承受风险。企业的利益相关者包括股东、企业员工、债权人、供应商、零售商、消费者、竞争者、中央政府、地方政府以及社会活动团体、媒体等。企业的生存和繁荣离不开利益相关者的支持，利益相关者由于所拥有的资源不同，对企业产生不同影响。可以看出，利益相关者理论是关于企业的本质的理论，是新经济时代下企业本质的理论创新。通过利益相关者理论，使人们对企业的认识及企业对自身的认识都发生了重大改变，产生了重要影响：一方面企业不再是单纯追求股东利润最大化，而是实现所有利益相关者权益主张的载体；另一方面企业的经营需要利益相关者的参与和投入，企业需要关注利益相关者的利益。

公共治理是由多元的公共管理主体组成的公共行动体系，是管理理论在公共管理领域的应用。传统公共管理理论采用单一等级制下的协调方式，依靠"看不见的手"来进行操纵的市场机制。公共治理理论拥有多元化的公共管理主体，相互间的权力依赖和合作伙伴关系及其中的协商谈判和交易机制，最终必然会推动公共管理朝着一种自主自治的网络化的方向发展。公共治理理论的核心在于多元、参与、合作，把对社会的有效管理看成是多元化管理主体的合作过程，从而建立起调节政府与社会利益关系的新机制，改变了传统的公共管理格局，建构了"对话—协商—谈判"的治理方式和"共识—互信—共同发展"的治理模式。对于地方本科高校校企协同创新的治理而言，要治理主体上，强调合作的多管理主体，应突破校企合作组织治理的范围，校企合作的主体可以由来自不同领域、不同层级的组织或个人组成；在治理方式上，要注重实现校企合作多方资源与优势的互补，在互信、互利、相互依存的基础上各个行为主体可以持续不断地协调，求同存异，满足合作各参与行为主体的利益，最终实现经济社会发展和公共利益的最大化。

四、地方本科高校校企协同创新的教育学基础

地方本科高校校企协同创新首先是高等教育领域，特别是地方本科高校领域的一项重大变革，也体现了"教育必须与生产劳动相结合"和"体验性学习论"等育人的基本要求和教育学的基本规律。

教育必须与生产劳动相结合，是社会主义学校教育的一个基本原则。教育与生产劳动相结合理论确立了教育与生产劳动相互依存、互为条件、共同发展的关系，表明了教育与生产劳动的关系是动态变化的。然而，这一原则在我们的学校教育中并没有得到很好的贯彻。脱离于社会生活，规避与生产劳动相结合，学生们不能真正地深入于社会实践中体验丰富多彩的现实社会，更多的是聚集在学校里啃书本、被教条，那种"学究式"的学习方式，使得学校教育失去了生机和活力。虽然这种方式培养出来的学生有着比较全面和完整的学科知识体系，但是，学生们的动手能力、实践操作能力和创新能力的普遍不高、不强已是一个不争的事实。所以说，知识的全部功用就在于被有效地运用于社会的各样实践之中；并且，任何已有的知识若是不在实践中被得到充分的运用，就会失去作为知识的价值，更不会自动翻生出新的有用的知识。从这一方面来看，学校的教育若是脱离了社会实践，若是不注重与生产劳动相结合，学生所学得的知识便只能是书本上的静止的知识。对学生而言，于学校里学得的书本上的知识，这只是"获得能力"的"准备阶段"；一个人的"真才实学"当是在实践中、在运用学得的知识解决现实问题的过程中逐步获得的。只有在实践中，一个人才有可能获得解决现实问题的智慧。而这一点，对一个立志献身事业的人来说又是至关重要的。因此，一个人在学校里获得的知识要真正发挥效用，必须经受社会实践的重新检验、必须经过一番"解构"和"重构"的过程。没有这样的一个过程，任何一位书本知识的拥有者都将无法真正地适应社会、实践于社会、造福于社会。"真正的教育"当是实践着的教育、创造着的教育；而唯有与实践相结合的教育，才是鲜活并富有创意的教育。学校的教育尤其是高等教育，是不能脱离社会实践的，是必须与生产劳动相结合的。走进社会、走进工厂、走进农村，这是教育与生产劳动相结合的唯一正确的方向。劳动创造

知识，劳动创造财富，劳动创造幸福。任何脱离实践、鄙视生产劳动的教育都是不利于青年一代生动活泼主动发展的教育，都是没有真正前途的教育，因而都是培养不出德才兼备的中国特色社会主义的建设者和接班人的教育。

体验性学习论认为观念并非固定不变的元素，而是通过体验形成与发展的，它提供了一个完全不同于基于经验主义认识论的行为主义理论或更多以传统教育方法为基础的内隐理论。教育的目的在于激发在知识获得过程中的探索与技能，而非记忆大量知识。杜威主张"教育即生活"，教育过程就是生活过程，而不是未来生活的预备。因此，学校不能只是传授知识、开发智力，而应该让学生直接在学校生活和各种活动中体验到意义。认识和体验是有区别的，而在实际生活和学习中，两者又是融合一起不可分割的。现在我国许多用人单位在岗位招聘时往往都会明确要求应聘者具有一定时间的工作经验，高校毕业生在这方面存在着明显的劣势，而且这是在短时间内无法改变的现状。只有通过建立校企合作，让学生能够在毕业前就到企业中参与实际的工作，获取一定的工作经验，才能有效地弥补他们缺少工作经验的缺陷，才能有效地提高他们在应聘时的竞争力。

第三节　地方本科高校校企协同创新的角色定位

地方本科高校校企协同创新是一个复杂的系统工程，涉及利益、法律、道德等多方面的问题，需要高校、企业和政府三方转变观念，对各自承担的角色进行明确定位，明确三者之间的利益关系，共同努力，创新校企协同机制，推动校企协同创新的顺利推进。地方本科高校、企业和政府作为协同创新中的重要主体，通过产教融合模式，围绕共同目标，配合协作，资源互补，从而实现协同创新、利益共赢。

一、地方本科高校在校企协同创新中的角色定位

地方本科高校是校企协同创新的主导者，应在合作过程中发挥主导作用。地方本科高校作为人才培养、科学研究、社会服务和文化传承创新四大职能的

承担者，肩负着服务地方区域经济社会发展的重大使命。地方本科高校要主动围绕区域经济和产业转型升级，面向市场需求，以产教深度融合为导向，以培养区域、行业生产服务一线适应产业转型升级的应用技术人才和适应文化建设、社会建设和公共服务发展新需要的复合型、应用型人才为目标，将学校的办学、管理和人才培养环节融合于产业链、公共服务链和价值创造链。在实施校企协同创新过程中，地方本科高校要表现得更为主动与积极。地方本科高校在校企协同创新过程中，要积极创新校企合作管理模式，对校企协同进行整体规划，做好顶层设计，成立有关专门机构，避免各自为政；要创新运行模式，与企业搞好协商，变一元管理为二元管理，发挥学校和企业双方的积极性。同时，地方本科高校更要立足自身定位开展校企协同，找准学校在区域经济和行业发展中的位置，瞄准地方行业、产业需求，以就业为导向确定办学目标，培养适销对路的产业人才。

　　地方本科高校的校企协同不同于研究型大学。老牌的研究型高校普遍以学术标准为主，地方本科高校，特别是新建本科院校多数定位于应用型大学，以技术积累创新和服务产业实际贡献为价值基准；老牌的研究型高校以学科体系为基础建立专业结构，应用型大学以职业和岗位需求设置专业；在治理结构上，应用型大学注重行业企业直接参与治理，而老牌的研究型高校内部自成一体相对封闭；在教学内容上，应用型大学强调以真实应用与需求无缝对接为基础的教学内容，老牌的研究型高校的教学内容则偏重知识教学。以往我国地方本科院校普遍存在的学者孤芳自赏等传统观念，或多或少地影响到新建地方本科院校中一些教职员工对开展校企合作的认识。一些教育工作人员认为校企合作阻碍了高校的教学运行，不利于教学和科学研究，还有一些人担心"引企入校"或"商业元素的不同将会导致学校教育教学的混乱"等，进而参与和促进校企合作的积极性并不高。同时，在教学过程中，大多是照抄照搬传统的研究型大学的教学模式，在统一的教育政策引导下，采用同样的教学模式，选取同样的教学内容，培养千篇一律的人才。在传统的教育模式下，课程教学重理论轻实践，课程内容陈旧落后，培养的人才与市场的需求不匹配，不能适应社会发展的需要。很显然，传统的教育模式需要改变，高校人才培养需要朝着多样化方向发展。地方本科院校，特别是新建本科院校若要改变这一传统模式，解决现今高等教育发展中人才培养与社会需求脱节的问题，就必须开展校企合作，加强学校和企业之间的联系，积极主动搭建校企合作联盟、产业或专业校企合作委员会、二级行业学院等平台，及时了解产业和市场需求信息和企业用人标准，坚持"专业对接产业、课程内容对接职业标准、教学过程对接生产过程、学历证书对接职业资格证书、学历教育对接非学历教育"思路，创新人才培养模式，加强"双师型"队伍建设，推进教学改革，增强科研服务能力，强化学生就业创业能力，把产教融合、校企合作理念贯穿到人才培养全过程。

地方本科高校的校企协同不同于高校。地方本科院校的前提是本科高校，坚持本科层次原则，对于实现本科层次的应用型人才培养目标，不断提升行业技术服务能力起着至关重要的作用。本科高校人才的培养目标与高职高专不一样。本科教育是在通识教育基础上，学习一定的专业知识，重在能力和方法的培养，特别包括创新能力的培养等。坚持其"本科性"是其发展之根本。地方本科院校的"本科性"结合了学科特点和行业分类进行专业设置，培养社会需要的应用型高技能人才。保持"本科性"最关键的是保持大学教育的使命，专业层面上虽然以行业为主导，以应用性为载体，但是在知识层次和能力层次上强调博雅教育与应用能力及创新能力的培养。现阶段经济全球化趋势加强，国内国外经济竞争加剧，我国大多数企业特别是制造业面临着产业转型升级的挑战，对高层次应用型专业人才的需求大，这方面的人才，高职院校培养不出来，而本科院校培养出来的人才虽多，却不是企业所渴求的人才，这就造成一方面企业大量出现用工荒、招不到人，另一方面大学毕业生就业难、就业率低同时存在的矛盾局面。因为学校培养的毕业生大都眼高手低，空有理论知识而无实践能力，无法胜任企业提供的工作岗位。地方应用型本科院校期望通过校企合作的模式，加强与企业的沟通，整合学校和企业的资源，以培养出企业需要的高层次应用型人才。

地方本科高校的校企协同不同于部属院校。在办学定位上，地方本科高校必须遵循"两个规律"，即必须符合高等教育自身发展规律和地方经济社会发展规律。一是符合高等教育自身发展规律。高等教育的核心职能是人才培养。那么，如何有效实现不同层次、类型高校人才培养目标，要求高校遵循其内部办学规律。鉴于此，在应用型人才培养问题上，在既不可转型成高职高专，还要一改传统发展模式的情况下，地方本科高校应该树立"立地顶天"的办学思想，以高质量的学科专业做支撑，培养高素质应用型人才，增强服务地方发展能力，体现大学使命，彰显大学职能。这是高等教育自身发展规律的要求。二是符合地方经济社会发展规律。地方本科高校传统的办学思路往往是只考虑高等教育自身发展规律，"就教育谈教育"，主观上办学为社会服务，客观上办学又很少与地方发生关系，对地方经济社会发展需求缺乏研究，在服务面向方面存在缺失。这也是地方本科院校产生学科专业趋同、人才培养同质化问题的根本原因。地方本科高校的一大特征在于地方性，服务地方是其重要职能。地方院校与地方经济社会发展有着天然的联系，理应成为服务地方经济社会发展的主力军。地方本科院校，特别是地方新建本科高校要与其他同类院校增加竞争力，同时形成自己的特色优势，需要认真研究当地区域经济产业发展的趋势，明确学校的服务方向、发展目标，积极地与地方产业相联系，了解地方经济发展方向，做好学校、企业与当地政府之间的协调。如今，经济发展方式转变、产业转型升级的趋势倒逼我国高等教育进行分类改革，通过改革形成与经济产业结构相匹配的高等教育结构。地方本科院校坚持服务地方原则即坚持高等教育地方特色多样性发展，多样性发展方向符合高等教育大众化发展规律，同时也为地方本科院校明确办学方向，促进与当地企业合作，进而推动地方经济发展提供了现实条件。服务地方原则要求地方本科院校依据地方经济发展特色，根据不同专业、不同学科类型开展与之相应的校企合作办学模式，因此，坚持服务地方原则在地方本科院校开展校企合作办学模式中担负着至关重要的作用。

二、企业在校企协同创新中的角色定位

在市场经济中，企业已经成为自主经营、自负盈亏的主体和经济实体，以技术创新、知识创新、技术转移和知识的应用为主，在产教融合、校企合作中，企业希望获得优秀技术人才和技术创新支持，因而企业既是产教融合、校企合作过程的参与者，也是合作成果的享受者，更是合作的坚强后盾。提到教育，

人们自然想到这是学校的事，提到企业的社会责任，更多人认为是环境保护、劳动保护、消费者的健康、慈善事业、提高资源利用率，但很少提到的是企业应当承担的职业技术教育责任。虽然"技工荒"和"10万年薪难寻一个技工"的报道现在并不少见，但因为劳动力正处于买方市场的状态，大多数企业更加看重的是短期和即得收益，热情参与合作的主动性很低，甚至作为熟练人才和高技能人才主要用户的企业，更多关注的是本企业在人力资源方面的数量需求而不是对所需人才的培养过程，企业参与和支持新建本科教育的社会责任意识尚未建立，不愿意参与到对未知收益的长期等待过程中。企业必须改变这种短见行为。企业的多种角色决定了其角色行为。企业是校企协同创新的重要主体，主要为高校提供学生发展的实践条件，为学生技能水平的提升提供真实的场景，为高校学科专业发展提供科研实训基地、教学设施设备，满足师生开展实践训练，培养创新创业意识的需要。同时，行业企业是科技创新和技术转化的最终服务对象。因此，校企协同创新能为企业量身打造符合企业需要的高技能人才和培训员工，为企业解决技术、管理、经营方面的难题，开展新技术、新产品的研发，为企业树立良好社会形象并提高知名度。校企合作是企业和高校共同参与的一个项目。在这个项目中企业如果没有主动参与的精神，校企合作很难取得成功，因此，企业也应转变旧观念，使企业组织对学术文化进行吸收与融合，促进校企合作的深入开展。企业也可以将遇到的问题提交给学校，组织学生开展研究，并将研究用于生产当中，提高竞争力。为充分发挥企业在校企协同创新中的重要作用，促进校企合作从自发向自觉发展，必须坚持正确的原则。

服务企业原则。为企业服务是校企协同的重要指导思想，也是打开校企协同大门的前提和基础，决定着合作成败和成功率的高低。积极主动满足企业的需要，合作才能成功。因此，高校要主动深入企业调研，了解企业人才需要状况、用人标准、技术需求，积极为企业开展培训，急企业之所急；始终坚持注重企业、服务企业、关心企业发展，与企业建立友好的校企合作关系，顺利打开校企合作的大门。

互利原则。互利是校企协同创新的基础。双方不互利就谈不上合作。追求利润最大化是行业企业最根本宗旨，因此，行业企业在参与协同创新中具有一定的选择性。所以，校企双方要本着互利的原则加强合作。要搭建校企协同的技术研发平台，加快科技成果及时转化为生产力，这样既能有利于学校的科学研究，又能满足企业的技术需求。同时，学校要改进和提升学生的实践能力和就业能力，能让企业在合作中吸收到优秀人才，及时感受到合作的"甜头"。

统一管理原则。校企协同是双项活动，校企双方的利益与责任必须高度统一，必须统一领导、统一管理、统一规划、统一实施、统一检查考评。只有坚持"五个统一"，才能实现教与学的很好结合，实现理论与实践的很好结合，理论知识与企业技术需要的很好结合，理论知识与企业实际应用的很好结合。实现理论与实践教学的一体化，实现校企双向目标，校方学生获得高就业率。

校企互动原则。互动是促进校企建立更加紧密联系的重要前提。首先，企业作为技术需求方，要向高校提供自己的技术需求和难题，提出技术合作的基本要求；其次，高校作为人才培养的主导方，要与企业商讨建立理论与实践一体化的培训基地；另外，学校应定期组织专业理论教师到企业现场培训，请企业高级技师来学院讲座。通过校企互动，学校教师在企业学到了实践知识和能力，企业技术人员学到了理论知识，实现理论与实践互补，实现理论与实践一体化。

三、政府在校企协同创新中的角色定位

政府是教育的财政投入者，希望获得教育的健康发展，为社会培养更多高层次、高素质的应用技术人才，促进经济社会快速发展。政府要有效介入大学和企业发展关系中，发挥好主导、推动、协调、监督和服务作用。在地方本科高校校企协同创新中，政府承担着重要角色并发挥着不可替代的作用。政府部门对校企协同的态度及思路将直接影响合作双方的方向和成效。地方本科院校大多注重研究型学术体系，而企业更加注重市场资源占有率及资金利益，严重的机制冲突存在于校企双方之间，一旦出现政府缺位的情况，那将会形成难以逾越的障碍。通常是由学校及企业双方自主探索磨合，没有相应的保障，对于他们的合作顺利展开造成了一定阻碍。因此，政府要转变服务理念，扮演好自己的角色，积极发挥在地方本科高校校企协同创新的作用。

法律规范的制定者。校企协同不仅是指学校与企业的合作、教学与生产实践的结合，也是科技与经济相结合的合作行为。在市场经济条件下，校企合作需通过政府、企业、社会及高校间的伙伴关系来实现。高校为了生存发展，提高办学实力，积极寻求特色发展之路，合作积极性相对较高；而多数中小企业对新技术及高技术人才虽十分渴求，但多数缺乏人才培养的动力与实力。因此，目前来说校企合作的保障与运行机制尚不健全，合作深度与时间长短主要取决于校企私人情感，校企合作难以久远。另外，多数企业与学校的合作停留在表层，学校为企业主动全面服务的精神和能力还不够，企业也仅提供实习基地或横向课题开发，参与学校人才培养目标制定、专业的建设和课程开发的较少。要解决上述问题，全面开展校企合作教育工作，使之真正落到实处，政府必须在立法、财政等诸多方面给予支持，制定和完善各种有关法规，成为校企合作强有力的推动者。在市场经济中，政府是各项公共事务规则的制定者。制定规则既体现了政府的权力，又对政府的权力加以一定的限制。政府作为连接企业和高校进行合作的润滑剂，通过制定规章制度、出台相关政策措施鼓励和促进校企协同的有序进行。

信息的提供者。在社会治理中，存在很多的社会中介组织，如各种行业行会、劳动仲裁机构、职业认证机构、律师事务所等。这些机构其实都是作为政府信息提供职能的延伸，代替政府履行某些职能，为社会各界提供公共服务及相关信息。

利益的协调者。校企协同是企业、高校在各自不同的利益基础上寻求共同发展、谋求共同利益的一种组织形式，合作过程中二者均可获益，但因二者所属系统不同，它们之间存在本质的差异。学校和企业是校企合作教育这一矛盾统一体的两个方面，二者之间存在着不可避免的矛盾，需要政府部门的协调。高校以人才培养为主要任务，而企业则以利润为追求目标，二者对校企合作的意义认识和积极性不同。同时，企业的生产经营周期与学校的教学安排也不协调，企业有需求时，学生理论教学环节未完成；而学生需要实习时，企业可能又无法安排。学生实习如处理不当，会影响企业的正常生产秩序，企业对学生的生产安全、管理、工资报酬等问题也会有所顾虑。企业与学校互动不足、信息交流不畅，学校的科研方向与产业界的应用和技术开发研究不匹配，高校培养的学生与企业需求不匹配。地方政府作为地方高校与企业的公共管理部门，应正视这些现存矛盾，并协调好二者的利益。只有政府部门直接参与，并建立合理的企业、学校和其他要素间的互动关系，才能使校企合作教育的机制正常运转。

过程的监督者。在校企合作教育中，企业和学校通过契约等形式确定各自的权利义务，之间存在着一定的契约关系，但在运行过程中不管是否顺利，都需要更高一级政府的监控。由于我国长期以来实行的计划经济使部分学校习惯于封闭办学，表现出对走出去与企业合作、开拓发展市场的不适应。而有些企业的发展缺乏长远规划，不愿参与时间性较长的人才培养过程。在这种情况下，政府的监督显得至关重要，它不仅可以使合作顺利的校企双方实现合作内容，而且可以推动合作不顺利的校企双方承担各自的合作职责，履行各自的义务。此外，政府部门的监督也有利于合作双方互动，保证企业应有的地位和应享有的利益。

成果的评估者。目前，我国地方本科教育规模扩展迅速，但还没有专门从事合作教育研究、评估和验收的机构，基本上处于单一个体的分散游离状态，都是自己在评价、总结自己。这种现象不利于合作教育向着更深层次的良性方向发展。有鉴于此，作为地方政府应当收集本地校企合作的教育信息，发挥专家委员会的作用，定期对校企合作教育进行检查、评价。每隔一定年限有针对性地对已开展合作教育的校企进行实地考察，开展成果验收工作，对校企合作开展得较好的给予宣传、鼓励和政策性的税收优惠或财政补贴，使双方的行为既规范又自主，从而推动合作教育的深入发展。

第七章　地方本科高校校企协同创新的机制构建

校企协同创新是以市场需求和社会需求为导向，由学校与行业企业共同参与的方式，以培养高素质的技术人才、开展面向应用的科学研究、服务区域经济社会发展为目标的高层次校企合作。校企协同创新能更好地使教育与生产实践结合起来，培养出适应现代工业发展要求的合格劳动者，是地方本科高校特色发展、内涵发展的必然要求，也是企业参与市场竞争的必然要求。在大众化背景下的一般本科院校校企合作才刚刚起步。作为以地方性、应用型为办学定位的地方本科院校，如何在加强专业理论教育建设的同时，着力提高实践教学质量，探索区别于高职高专院校的具有"应用型"和"本科教育"特色的校企合作模式，已经显得甚为重要。地方本科高校走产教融合、校企协同创新之路的关键在于构建有效的运行机制。这是当前地方本科高校校企合作存在诸多问题的核心所在，也是解决问题的根本途径。

第一节　地方本科高校校企协同创新的环境优化机制

虽然地方本科高校的校企合作与协同创新取得了一定的成绩，但是就总体而言，政府部门、行业企业与地方本科高校对地方本科高校实施校企合作与协同创新的重要性尚认识不足，在工作理念、工作定位、工作环境等方面还需要大力推进。

一、地方本科高校校企协同创新的思维创新

机制创新，理念先行。主动融入产业转型升级和创新驱动发展，支持行业、

企业全方位全过程参与学校管理、专业建设、课程设置、人才培养和绩效评价，积极探索不同模式的校企合作与协同创新。深化校企协同创新不仅需要创新实践，更需要创新思维。

（一）树立共同体思维

当前，地方本科高校校企合作与协同创新无论是研究水平或发展水平仍处于"初级阶段"。众多的研究者单纯从学校（教育结构）出发，希望或要求企业来"主动合作"；研究的内容过于宏观和泛化，一般性研究胜于具体、特殊研究；校企合作各自为政，没有形成合力；在强调校企合作重要性的同时，漠视企业或学校的利益；注重细枝末节，忽视整体性融合；等等。解决这些问题，关键是要树立地方本科高校校企协同创新的共同体思维。实施地方本科高校校企协同创新是国家战略，是促进人才培养和经济转型发展的必然要求，政府、行业企业、高校要各负其责。树立和强化共同体思维，旨在确定校企协同创新共同体"成员认同感""成员自觉意识""成员行为动机""成员角色定位""成员成就感"与"成员利益分享"，发挥市场经济"无形之手"和政府主导的"有形之手"功能，释放政府、学校和行业、企业地方高校"三位一体"能量，形成合力办学。

（二）树立顶层思维

校企合作是一个系统，包括校企合作生产和校企合作教育。校企合作绝非仅校企双方参与，而是在法治建设引领、社会支持和政府推动下，由行业企业、研究机构、高等学校和高校共同完成。这是多元合作的模式，需要统筹规划，顶层设计。顶层思维是校企合作思维，指从全局出发，利用系统论、信息论和控制论原理来分析、梳理、研究校企合作，审视校企合作全貌，洞察发展变化，梳理运行机制，构建深化策略。解决校企合作运行机制的问题，需要政府部门统筹解决，做到法规先行、制度先行，并制定程序细则以确保运行机制之有效。政府从地方经济社会及教育长远发展上进行统筹。政府应在地方发展改革、财政、经信、税务、国有资产、科技、商务等部门对校企合作的规划计划、资源配置、经费保障、信息服务等给予政策支持。确立高于学校的上级决策、监管主体。由地方教育主管部门作为高于学校的上级决策、监管主体，建立地方教育联席会议，负责统筹校企合作的规划、资源配置、经费保障、教育教学改革、实习实训基地建设、师资培养、科技成果转化、资产监管、风险监控、督导评估等工作。通过立法或行政手段明确校企合作的行为。督促学校依法制定和遵照学校章程，按照办学宗旨和培养目标，自行设置专业、开设课程、选用教材和开展教育教学互动，并对参与的学校师生、企业及其技师等团体和个人，制订和实施相应的资源补充、效益回流、税费减免、购买保险、劳务补助等激励措施。

（三）树立跨界思维

校企协同创新利用两种不同的教育环境和资源跨界融合，这既是国家经济社会发展的客观要求，也是地方本科院校人才培养的内涵所在，更是企业科技创新、转型升级的动力源泉。随着新科技的发展，不同产业领域、不同组织机构之间的边界变得模糊化，大规模的跨界融合和产业链的纵向和横向整合进一步加速，地方本科院校的教育和产业行业之间也在逐渐融合和共生，必须通过政行校企合作平台的搭建和有效治理逐渐消除人才培养的"中间地带"，从而将政府、行业、企业、院校、学生等若干层面的参与主体全都纳入到一个大的利益相关群体。地方本科院校发展的应用型教育，作为一种开放的教育，跨越了职业与教育、跨越了企业和学校、跨越了工作与学习的界域，也就跨越了经济与教育界的界域D因此，规范并保障这种"跨界"教育的法律法规，就必须同时遵循经济（产业）与教育、职业（就业）与教育、职业成长与教育认知的规律，所以，相关教育的法律，必须整合经济发展的需要和教育发展的需要。基于此，地方应用型高校的发展与改革，不是教育部门一家能承担的任务，必然涉及经济发展、社会稳定、劳动就业、行业企业等多个部门和社会机构，因此，必须跳出教育看教育，跳出学校看学校，跳出知识看知识。教育立法，不能局限于"在企业里办培训，在学校里办教育"的分割的"定界"思维，必须有一个系统集成的思想。这意味着，跨界的教育立法必须以跨界的理性思维为基础。

（四） 树立互联网思维

在传统社会，实现校企协同创新受制于很多条件，学校和企业付出的成本和代价也较高。在校企合作过程中，学校和企业经常会遇到对双方的需求不了解，在合作上缺乏相互沟通的平台，同时校企合作资源较为分散，导致合作成效不明显。在互联互通的时代，这些问题将会逐渐解决。在"互联网＋"大背景下，地方本科院校如何通过校企协同创新，推动应用型转变全面深化，是地方本科高校和社会发展面临的新问题。"互联网＋"的核心是去中心化、去中介化，企业可以利用互联网的优势，通过线上、线下的方式对接地方院校。在"互联网＋"时代，新模式层出不穷，借助多动互联网、数据聚合和云存储等新技术破解校企合作难题。通过搭建校企互联平台，推动学校、企业、行业三方无缝对接、资源共享，及时有效地为企业解决用工难，提供技术创新和工艺升级，为院校提供毕业生高质、高效就业，创新成果转化，满足院校和企业需求，并最终沉淀教育大数据和行业产业大数据。这些数据分别为院校优化专业设置，对接产业升级制定发展方向，为企业在转型升级中人才引进与培训提供帮助和支持。互联网思维就是以互联网为中心，统筹规划信息流、物质流和能量流的交换、传递、使用。这是对传统思维模式的颠覆，面对环境日益不确定性的增加，其更有生命力。校企合作的互联网思维就是要求校企双方在"互联网＋"国家战略指引下，通过互联网进行人力整合、信息融合、资源优化调整、技术创新。这是从多角度、全方位考虑和研究的一种方式，是多元思维。校企合作的互联网思维具有十分重要的作用。企业生产需要在互联网助力下创新发展，教育教学要依托数字化校园产生质的飞跃。校企合作更应借助互联网，在市场调研、新产品新技术开发、新课题申报等方面充分发挥作用。合作双方的沟通与联络离不开互联网，信息交换、人员素质测评、市场推广、合作效果评价亦是如此。"互联网＋"国家战略的提出，提速降费的大趋势，都预示着以互联网为中心的经济发展将呈现更大辉煌。"互联网＋"教育将真正颠覆传统课堂教学，改革习惯性学习方式。"互联网＋"产业，将迎来产品更新换代的提速与便捷。"互联网＋"校企合作，必将换来崭新面貌，为深化合作、全面而持久稳定地合作带来机遇，推动教育与产业更快更健康地发展。

二、政府、行业企业、高校在校企协同创新的地位

校企协同创新的顺利推进，必然牵涉政府、行业企业和学校三方，要尽快建立起"政府主导、学校主体、企业主动"校企合作保障机制，以推进校企合作持续健康发展。

（一）政府要积极发挥主导作用

发达国家校企合作的经验充分表明，由于学校与企业行业方面存在的利益问题，政府在推进校企协同创新方面地位特殊、责任重大。政府要改变原来在校企合作中的角色和定位仍不清晰，存在缺乏法律法规保障、支持力度不足、欠缺协调监督机制等问题，由"划桨"向"掌舵"转变，即其对事务的管理从以往事无巨细的"全能型政府"，转变到以服务为主、以宏观管理为辅的道路上来，承担起统筹规划、提供愿景和监督指导等职责，用计划、法律、经济、评估、信息服务及必要的行政手段积极介入校企协同创新，发挥"桥梁"的作用，充当立法者、资源配置者、协调者和监督者的角色，实现校企合作由点到面的跨越。

政府要营造校企协同创新的良好环境，着力营造制度环境、制定发展规划、改善基本办学条件、加强规范管理和监督指导等。要完善法律体系，以法律形式明确企业在地方高校中的责、权、利，制定相应的奖励与惩罚机制，实现校企"联姻"，为校企合作的长久深入发展提供良好的法制环境。国家可以通过立法，对参与校企合作的企业提供一定鼓励和优惠，例如，可以规定生产条件先进的企业有为教育服务的责任和义务，制定一些优惠政策，对参与了校企合作的企业，可根据接受学生的数量和消耗企业材料的费用，享受一定的减免税等，吸引企业参与人才培养。

政府要培育管理协调校企协同创新的专门机构，为校企合作提供组织保障。我国行业众多，单靠行政主管部门统筹校企合作难度很大，比较可行的做法是行业组织牵头，建立以教育部门、产业部门、财政部门、人保部门、工信部门

等多部门共同参与协作的校企协同创新指导委员会。主要职能位为：搭建校企合作平台，发布权威信息，制定育人标准，共享社会资源，寻找合作伙伴；同时，校企合作指导委员会通过有关政策与法规，建立激励约束机制、评价监督机制，规范合作行为，保障合作双方的利益，并通过宣传赢得社会的认同与支持。以指导委员会为平台，从全国或较大区域层面规划、决策校企合作实施战略，并通过该平台充分协商各参与主体的利益和意见，从而推动校企合作系统协调运行。

政府要明晰政府、高校、行业企业、社会组织等多元主体在校企协同创新发展中的责任。通过立法等方式明确各参与主体的责、权、利，并为各主体职责的落实和权能的获取制定系统的、可操作的法规、制度和政策措施。

政府要进一步完善和理顺以政府投入为主的经费保障机制。其包括建立健全稳定的公共财政投入机制；科学划分各级政府对地方高校投入分担和责任规约；努力营造民间资本投入地方高校的宽松环境，逐步提高非政府投入经费的比例等。通过一系列的财政政策为教育发展提供基础保障。

（二）行业企业要发挥协同作用

校企协同创新的最终目的是院校向社会企业输送合格的应用型人才，为了实现这一共同目的，企业也敞开大门，积极发挥作用。

企业要积极参与校企协同创新。企业以追求经济利益最大化为目标，企业应不断转变观念，从发展战略高度认识参与校企合作的重要意义，从履行社会责任的高度对待校企合作培育人才。另外，政府要明确企业的责任和利益分担，高校应不断进行教学改革，加强自身的软实力，吸引企业参与合作育人，真正体现院校和企业"双主体"育人。严格执行就业准入制度和职业资格证书制度，调动企业参与合作的主动性。同时，国家应出台激励企业参与校企合作的相关政策和制度，建立健全校企合作成本补偿制度，建议政府要对承担校企合作的企业，按企业接纳学生实习实训的实际人数、时间长短等情况，进行税收减免或拨款，以弥补企业因校企合作所付出的成本。允许企业税前扣除因参与校企合作而发生的支出。进行政策倾斜，对积极参与校企合作的企业给予优惠政策。

要发挥行业协会的积极作用。作为行业和专业生产经营者自愿组织起来的组织，行业组织对行业内部人才需求及技术进展等最为熟知，深谙行业内在运行规律，在地方高校的改革与发展过程中作用不可替代。行业组织作为中介组织，应成为学校和企业之间的桥梁和纽带。行业组织为学校提供行业需求信息，调整和设置所需专业与课程，实现地方高校人才培养与社会需求的无缝对接。发挥中介、协调职能，参与教育治理。加强行业指导，推动专业设置与产业需求对接，课程内容与职业标准对接，教学过程与生产过程对接，是推进教育办学机制改革的关键环节，要履行好发布行业人才需求、推进校企合作、参与指导教育教学、开展质量评价等职责，建立行业人力资源需求预测和就业状况定期发布制度。

要发挥社会组织的作用。大力培育专业教育服务机构，整合教育质量监测评估机构，完善监测评估体系，定期发布监测评估报告。扩大行业协会、专业学会、基金会等各类社会组织参与教育评价。社会组织是教育质量的评价、监督主体。治理模式下的"社会评教育"，实质是要把评价权和监督权更多地交给社会、回归社会，在"管"与"办"的互动中，保持相对独立性。要培育与发展自治组织团体，充分反映社会各界的利益诉求，形成更好的治理环境和更强的治理力量，以更灵活的治理策略推进校企协同创新的发展。加强对政府、企业、行业和学校履行教育治理权利的监督，定期开展院校办学水平和专业教学情况评估，实施教育质量年度报告制度，把社会组织的评价作为衡量办学质量的一项重要指标。

（三）地方本科院校要发挥主体作用

地方本科院校是教育的主要实施者和人才培养的主体。伴随着"互联网""双创＋"等国家战略的实施，地方本科院校应从整个国家改革的全局视角出发，树立全局观念，主动调整教育办学思路和发展理念，以适应经济发展新常态对人才的要求。

地方本科院校要强化校企协同创新的认识。地方本科院校教育观念的价值判断上，应形成建立在劳资平等、社会和谐基础上的共同认识。要强化市场理念和经营思想，能够善于发现市场、细分市场，立足于不同地区、不同领域、不同行业、不同企业的发展实际，提供个性化人才培养服务。在教育规律认识上、在教学内容上要尊重企业的实践真知，在课程教学上要尊重学校的理性把握；在实习环节上以企业为主，学校为辅；在实训环节上以学校为主，以企业为辅。既要加强教育管理，使实习学生重视实践、吃苦耐劳、遵守纪律、完成顶岗实习任务，又要督促企业合理安排实习工作位置，保证专业相关技术含量和必要的岗位轮换，避免沦为廉价劳动力。要加强学校基础能力建设，落实教师的企业实践制度，努力提高"双师型"教师比例，打造专兼结合的"双师型"教师队伍。改善和提高学校办学条件，根据技术进步要求配置实训设备。

地方本科院校要强化特色办学。适应、融入、引领所服务区域的新产业、新业态发展，瞄准当地经济社会发展的新增长点，形成人才培养和技术创新新格局。合理科学地设置并动态调整专业，推动教育教学改革与产业转型升级衔接配套。打造职业学校的办学特色，加强与企业之间的交流合作，强化校企协同育人。建立以提高实践能力为引领的人才培养流程，率先应用"卓越计划"的改革成果，建立产教融合、协同育人的人才培养模式，实现专业链与产业链、课程内容与职业标准、教学过程与生产过程对接。以社会经济发展和产业技术进步驱动课程改革，整合相关的专业基础课、主干课、核心课、专业技能应用和实验实践课，更加专注培养学习者的技术技能和创新创业能力。

地方本科高校要加强大学治理。地方本科高校要改革自身管理工作，完善内部治理体系，提高治理能力，变过去的被动适应为主动出击，充分运用好当下供给侧结构性改革所释放出的制度红利，积极寻求有利于自身办学发展的市场资源，以开放的姿态拓展教育的发展空间，培养社会需要的人才。建立适应应用型高校的人才培养、科学研究质量标准、内控体系和评估制度，将学习者实践能力、就业质量和创业能力作为评价教育质量的主要标准，将服务行业企业、服务社区作为绩效评价的重要内容，将先进技术转移、创新和转化应用作为科研评价的主要方面。积极建立理事会制度，把其建设成为支持学校发展的咨询、协商、审议与监督机构，是高等学校实现科学决策、民主监督、社会参与的重要组织形式和制度平台。在理事会制度下，与高校发展相关的各方面组织及个人以各自特有的身份成为学校理事会的一员，在平等协商的基础上共同支持和监督高校的发展，享有和承担相应的权利和义务。通过理事会，将政府、企业和高校有机联系在一起，为共同支持和监督学校发展搭建一个良好的制度平台。这样，行业企业就可以市场主体的身份参与学校的建设与发展，而不仅仅置身事外地选择和评价高校；政府也可以投资主体的身份监督学校发展，而不仅仅依靠社会的选择和评价对高校形成压力。

三、地方本科高校在高等教育中的定位

做好校企协同创新，必须进一步明确地方本科高校的办学定位，既要让地方本科高校合理定位、各安其位、各展所长、办出特色，又要让地方本科高校充分享受地方高校校企合作的各项优惠政策。

（一）制定应用型高校的设置标准

优化高等教育结构，鼓励不同高校都要办出特色、办出水平。要使全国各类高校都能准确定位、错位竞争、特色发展、争创一流，在全国高等教育格局上形成百花齐放、千帆竞发的良性生态，关键还是要发挥政府分类指导的作用，要对不同层次、不同类型的高校都予以重视支持，建立科学的评估指标体系，鼓励支持各类高校各安其位、各尽其能、各得其所，办出水平、办出特色。根据联合国教科文组织的分类标准，高校大致可分为科学（学术）型、工程技术型（应用型）和职业型三类。按照这个分类，全国新建本科院校应归入应用型这一系列，而且由于这类高校大多设在地级市，所以又可称为地方应用型本科高校。学术型高校和职业型院校经过多年探索和建设，已经形成了较为准确的定位和鲜明的风格，而处于二者之间的地方应用型本科高校在内涵建设方面往往面临"高不成低不就"的发展困局。我国在致力于建设世界一流大学和示范性高职院校的同时，对数量较多的应用型本科高校的建设力度不够。要根据大众化背景下社会对高素质应用型人才的需求，政府和社会要注重从应用性和地方性两个层面，加强对人才培养模式、师资队伍、学科专业、办学条件等方面进行分类指导。从制度安排和政策设计层面，把应用型本科院校作为高校的一

个类型进行专门研究，加强对应用型本科院校的"分类指导"，实施"分类投入"，鼓励地方应用型本科高校落实应用型人才的培养理念，加大应用型学科专业建设、增强服务区域经济社会发展能力。在实施教育评估时，也要注重将应用性和服务所在区域经济社会能力作为主要的办学标准，而不是与学术型高校比省部级以上重点学科和教学质量工程项目。因为这样的导向只能引导更多的应用型高校回到学术型高校的老路上来。要建立高校分类体系，实行分类管理，制定应用型高校的设置标准。制定应用型高校评估标准，开展转型发展成效评估，强化对产业和专业结合程度、实验实习实训水平与专业教育的符合程度、"双师型"教师团队的比例和质量、校企合作的广度和深度等方面的考察，鼓励行业企业等第三方机构开展质量评价。制定试点高校扩大专业设置自主权的改革方案，支持试点高校依法加快设置适应新产业、新业态、新技术发展的新专业。支持地方制定校企合作相关法规制度和配套政策。

（二）注重形成从高职到本科，到专业硕士、博士的应用型大学层次结构

目前，一些地方应用型本科高校盲目照搬学术型大学的办学模式，盲目追求上硕士点和博士点，这主要是由于社会上受"重学轻术"等传统教育观念的影响，认为学术型高校层次高，能培养硕士、博士等高层次人才，而应用型大学层次低，只能培养本科以下的人才。而事实上，我国绝大多数的硕士、博士，包括专业硕士、专业博士也都是由学术型高校培养。中国台湾在这方面有着很丰富的经验值得学习和借鉴。台湾的高等应用型教育学历层次从中专一直延伸到博士，学校实行"大学—学院—专科学校—高校"的以贯通制，这种结构与普通教育"大学—学院—高中"的渠道两者完全平行。这种体系的实施，有效地纠正了社会对应用型教育的偏见。为了培养高层次应用型人才，近年来我国还设置了专业硕士学位，如工程硕士、法律硕士等。其实，这些应用型的专业学位应该主要放在应用型高校中。事实上把更多的专业学位放在研究型大学中，并没有得到应有的重视。而如果把专业硕士、博士学位放在一部分高质量的应用型高校中，不仅有利于为高级应用型人才找到合适的培养土壤，而且这类高

校由于办学层次的提升会高度重视专业硕士、博士学位的培养，这样会更有利于高层次应用型人才的培养。

（三）明确应用型高校的办学方向

地方应用型本科高校加强内涵建设，必须在三个结合中走出自己的科学发展之路。

努力在研究型大学与职业技术院校的结合中找到立足点。科学的定位是地方应用型本科高校加强内涵建设的前提和立足点。毫无疑问，地方应用型本科高校作为介乎研究型大学与职业型院校之间的高校，与二者既有截然的不同，又有密切的联系。传统研究型大学一般注重学科知识的逻辑体系性，知识本位特点较为突出。职业型院校更强调应用能力的培养，强调能力本位，把知识的传授贯穿到能力培养的各个环节。地方应用型本科高校既要强调学习借鉴二者的办学规律，又要强化错位竞争理念，走出一条与研究型大学和职业型院校错位竞争的特色发展之路。这就要求地方应用型本科高校一是要强调应用型特色，要注重培养能够将理论知识与实践知识紧密结合，培养解决实际问题的应用型人才；要以应用型为发展方向，注重产学研的结合与高新实用技术的推广，注重应用型学科专业建设，注重应用技术开发；二是要遵循本科高校的教学教育规律，地方应用型本科高校大多由高职、高专、师专升本而来，因此，要尽快实现教学、科研、管理等工作由专科向本科转变，实现内涵意义上的真正升本，要担负人才培养、科学研究、服务社会、文化传承创新等职能，要使学生比较系统地掌握本学科、专业必需的基础理论、基本知识和必要的基本技能方法。

努力在立足地方与突破地方的结合中寻找发展点。地方应用型本科高校大多是办在地方、服务地方的高校，它与地方经济社会发展有着千丝万缕的联系，地方性是这类高校生存和发展的主要根基。一方面，地方应用型本科高校必须根据区域经济社会发展需求，不断强化服务地方的能力和水平，加快学校学科专业优化调整，实现学科专业与区域产业的对接，根据地方实际，努力培养下得去、用得上、留得住的高素质应用型人才。要善于把地方作为自己的优势办学资源，与地方共建实验室和工程技术中心，加大协同创新力度，不断提升科学水平；利用地缘、人缘优势，建设大学生实习与就业基地；利用地区产业优势和差异，构建和强化自己的办学特色。另一方面，地方应用型本科高校也要实施开放办学战略，坚持立足地方与跳出地方相结合，深入思考并积极应对如何利用优势、走出限制的深层次问题。要坚持国际化办学战略，学习借鉴世界先进教育理念和方法；要学习借鉴传统本科高校和先进职业技术学院的办学经验，通过"借船出海"的方式提升学校的发展内涵。

努力在内涵建设与外延建设的结合中寻找平衡点。外延与内涵是一对相互依存、相互制约的逻辑术语，外延建设是内涵提升的保障，内涵建设是外延发展的前提和基础。高校的内涵建设和外延建设是伴随着我国高等教育的改革发展提出来的，并且在不同的时期各有侧重。在当前，内涵建设已成为高等教育教学改革与建设主题的大背景下，刚刚从专科升本的大多数地方应用型本科高校则面临着内涵建设与外延建设的双重压力，不仅需要提高教育质量，提升人才培养、科学研究、服务社会和文化传承创新的能力和水平，而且面临着改善办学条件、适度扩大招生规模等紧迫问题。这就要求地方应用型本科高校要坚持内涵发展为主、适度扩大外延的办学方针，坚持内涵与外延的互动，用外延建设保障内涵发展，以内涵发展引领外延建设，进一步强化人才培养的中心地位，在坚持把提高质量作为工作重心的前提下，不断改善办学条件，做好招生和就业工作，达到规模、质量、结构、效益的高度协调。

第二节　地方本科高校校企协同创新的学科专业一体化建设机制

当前，我国已经建成了世界上最大规模的高等教育体系，为现代化建设做出了巨大贡献。随着高等教育规模的快速发展，供求关系深刻改变，高等教育进入到一个以结构调整、质量提升为主要特征的发展阶段，而前期快速发展所积累的内部结构性矛盾和经济结构、产业结构进入剧烈调整期进一步激化的外部结构性矛盾也日益显著起来。特别是随着经济发展进入新常态，人才供给与需求关系深刻变化，面对经济结构深刻调整、产业升级加快步伐、社会文化建设不断推进特别是创新驱动发展战略的实施，高等教育结构性矛盾更加突出，同质化倾向严重，毕业生就业难和就业质量低的问题仍未有效缓解，生产服务一线紧缺的应用型、复合型、创新型人才培养机制尚未完全建立，人才培养结构和质量尚不适应经济结构调整和产业升级的要求。

当前高等教育发展核心的问题就是优化结构的问题，在调整结构的基础上提高质量。大众化的高等教育，更需要加快先进技术的转移、应用和积累，把培养面向现代生产服务一线的高素质技术技能人才作为自己的主要任务之一，应用技术型高校因时代而生，部分地方本科院校转型发展势在必行。

在我国现行高等教育体系中，研究型大学和高职高专院校的定位相对明确，而地方高校的定位常有"高不成低不就"的困惑，特别是地方新建本科院校更为突出。这就特别需要地方本科高校向应用型转变，把办学思路真正转到服务地方经济社会发展上来，转到产教融合校企合作上来，转到培养应用型技术技能型人才上来，转到增强学生就业创业能力上来，全面提高学校服务区域经济社会发展和创新驱动发展的能力，这也对地方本科高校以校企协同创新为突破口、加大学科专业一体化建设提出了明确要求。

高等学校对学科专业实行动态调整，大力推动与产业需求相结合的人才培养，促进交叉学科发展，全面提高人才培养质量。学科专业是培养专门人才的重要平台，是高等学校根据学科体系的内在逻辑和社会职业分工的需要，分门别类进行人才培养、知识生产与运用等活动的基本单元。地方应用型高校的专业建设目标应包含人才培养模式、师资队伍建设、实训实施设备建设、课程及教材建设等内容，这些内容需要加强校企协同创新。地方高校要更好地为区域经济发展提供服务，仅靠少数的学科专业来培养人才是无法满足社会需要的，一定要依据知识体系和社会职业分工的需要，把若干具有相同级次的学科及学科基础相同或相关的若干专业有机地组合起来，形成相互渗透、相互交叉、相互支持、互相依托的学科专业群。学科专业群建设是地方高校发展的一个基础性和根本性的环节，对地方普通高校向应用技术大学的转型发展具有基础性和全局性的影响，现已成为影响高校核心竞争力和发展的关键因素。地方高校向应用技术大学转型发展过程中应积极开展学科专业群建设研究，充分认清学科专业群在转型发展过程中的地位和作用，构建符合地方区域产业结构、行业企业发展特点，专业基础相近，服务面向一致，专业相互依托支撑，学科专业资源共享，并能够与区域产业集群实现较好的对接的学科专业群。

一、校企协同推进学科专业一体化的必要性

地方本科高校向应用型转变，其中一个方面就是要建立与区域产业和行业相一致的学科专业群。学科专业群是指由若干专业基础相近的专业组成，所有专业互相依托支撑；学科专业设定契合地方区域产业结构、行业企业发展特点，各专业或专业方向的服务面向基本一致；在课程内容上，有相当一部分共同的理论、技术和技能基础，各专业基本可以在同一实训体系中完成实训任务，能够实现学科专业资源共享的相关专业的集合。高校专业群的建设能够密切与地方行业产业群实现集群对接，切实在人才培养、科学研究、社会服务和文化传承创新等方面创造价值，增强高校学科专业建设与地方产业发展的依存度，提高对地方经济社会发展的参与度与贡献率。学科专业群实际上也就是将学科专业一体化建设。所谓学科专业一体化建设是指在学科建设过程中，将专业建设的人才培养方案、课程建设、教材建设、专业实验室建设、师资队伍建设、教学与研究基地建设的系统工程纳入学科建设规划，并通过政策制度创新，形成学科建设与专业建设互动机制，促进学科建设提升专业水平，构建品牌专业，提升专业的社会声誉与竞争力。以校企协同推进学科专业一体化或者是学科专业群建设是地方本科高校转型发展的必然选择。

校企协同推进学科专业一体化有利于地方本科高校的特色发展。学科专业的特色是地方本科高校最大的特色。地方本科高校向应用型转变，一是要区别与传统的学术型高校，二是要更好地服务区域和行业企业发展，建立以提高实践能力为引领的人才培养流程，率先应用卓越计划的改革成果，建立产教融合、协同育人的人才培养模式，实现专业链与产业链、课程内容与职业标准、教学过程与生产过程对接，建立紧密对接产业链、创新链的专业体系，积极融入以企业为主体的区域、行业技术创新体系，以解决生产生活的实际问题为导向，广泛开展科技服务和应用性创新活动，努力成为区域和行业的科技服务基地、

技术创新基地，等等。地方本科高校只有将校企协同创新作为突破口，大力推进学科专业一体化建设，才能打破以往与世隔绝、自我封闭的发展模式，改变好高骛远、盲目跟风的目标定位，要求应用型本科院校准确定位，坚定不移地立足地方、依托地方、对接产业、服务社会，充分发挥学科专业设置调整对地方产业和地方经济社会的推动作用，在服务中做贡献，在贡献中求发展，以质量和特色换取发展和生存的空间。

校企协同推进学科专业一体化有利于优化地方本科高校的外部环境。树立系统培养观念，推进教学、科研、实践紧密结合，学校、家庭、社会密切配合，加强学校之间、校企之间、学校与科研机构之间合作以及中外合作等多种联合培养方式，形成体系开放、机制灵活、渠道互通、选择多样的人才培养体制。通过校企协同，推进学科专业一体化能把地方应用型本科院校与地方产业两种异质性组织链接成利益共同体和命运共同体，促进了应用型本科院校与地方产业以及地方政府合作伙伴关系的建立。在市场经济体制下，作为两个不同价值取向的利益主体和独立的市场经济主体，应用型本科院校和地方企业虽有共同关注的利益，但也有自身独特的利益，任何一方不能以对方利益为代价追求自身利益，以往政府行政命令"拉郎配"式的产学合作机制失去了合法性基础，必须寻找和建立一种新的、长效的、相互尊重和支持的合作双赢机制。而学科—专业—产业链的构建无疑顺应这一诉求，学科—专业—产业链的形成过程，既是地方政府主导下的应用型本科院校与地方产业合作伙伴关系构建的过程，也是地方政府、应用型本科院校与地方产业界相互沟通、交流、协商和支持的互动过程。对于应用型本科院校来说，学科—专业—产业链作为中间性组织，整合了大学学术组织、产业经济组织和政府科层组织等优点于一体，凝聚利益、资源、人才、知识、资金、技术等优势于一体，对知识生产、人才培养、技术转移和自身变革等起着重要的推动和支撑作用，在与产业对接、耦合、服务的实践中实现特色学科专业水平的提升，并以高水平学科专业建设推动地方产业转型升级和良性发展，实现从过去的"拉郎配"到"命运共同体"的转变。可以说，学科—专业—产业链已成为应用型本科院校、地方政府和地方产业建立合作伙伴关系的重要纽带和运行机制，它有力地促进了应用型本科院校向合作型、开放型、服务型方向转变。

校企协同推进学科专业一体化有利于人才培养模式的转变。地方本科高校向应用型转变，最核心的还是适应经济结构调整和产业升级的要求，形成生产服务一线紧缺的应用型、复合型、创新型人才培养机制，建立产教融合、协同育人的人才培养模式。在传统模式中，大学与产业的知识生产是相互分离的，大学主要生产的是基础科学知识，产业生产的则是应用科学知识，两者之间存在着明显的观念和体制上的"隔离墙"，地方本科院校的人才培养模式大多是以传授学科专业知识为主要目标的知性化模式，常常导致"学农林的不下地、学矿产的不上山、学冶炼的不进厂"的奇怪现象。通过校企协同推进学科专业一体化，在地方本科院校基础学科研究与地方产业应用性研究之间形成了一个以实际问题为导向的情景性知识生产合作平台，通过这个平台实现两种知识流动、交汇和创新，改变知识、能力、素质分野，大学、产业、社会脱节的局面，实现社会产业需求内部化，建立以提高实践能力为引领的人才培养流程，实现大学教育由学校本位向社会本位、由单纯知识传授型培养模式向知识—能力—素质集成型培养模式转型，实现应用型本科院校人才培养与地方产业实际需求的无缝对接。

二、校企协同推进学科专业一体化的着力点

近年来，一些地方本科院校纷纷提出了特色发展、差异化发展的转型思路，立足地方、面向行业企业、服务经济转型升级的办学思路和目标。这些目标实质上是一个内涵发展的目标，是一个提高水平、培育特色的目标，这个目标的落实就是建成一批特色鲜明的高水平应用型学科和专业。

把"高水平、有特色"作为学科专业一体化建设的主要目标。地方本科院校面临办学的双重任务：既要提高水平，又要培育特色。水平与特色不是隔绝的，而是相互关联的。新建地方本科院校特别要借助特色来提高水平，走差异化之路，探索错位发展的新途径。这就要求学科要有自己的特色方向，虽然整体水平并不高，但是方向上有特色，在这个点上水平就是高的。因此，目前一般水平不够高的新建本科院校提出"特色兴校"的发展战略是合适的。但是，

新建本科院校应该有学术追求，不能以原先专科的办学特色简单等同于本科的水平，更要避免用低水平的特色来充当学科建设成果。多数新建地方本科院校现在还没有在省（市）内有较大影响的学科，因此，要努力争取在几年里构筑一到两个省内外知名的学科高地。专业也是一样，要精心规划至少一个在省（市）内高水平、有特色的建设目标，可以是国家级平台，也可以是省级平台；可以是学科、学科方向，也可以是专业或课程，争取取得一些有特色的标志性成果。

把契合产业企业需要作为学科专业一体化建设的重要导向。绝大多数专业教育都要求与专业实践领域建立密切的联系，专业学院趋于紧密迎合社会的需要。专业设置的逻辑起点是经济、社会的需要和产业的需要，人才培养规格要考虑就业的需要，学科专业群的规划更要与产业结构相对应。地方高校的学科专业建设随着社会经济和产业结构的变化进行不断的调整和修正，形成灵活的学科专业设置和人才培养内容的调整机制。经济的发展和产业结构的调整与优化升级促进了产业集群的衍生，产业集群是在特定区域中具有竞争与合作关系，且在地理上集中，有交互关联性的企业、专业化供应商、服务供应商、金融机构、相关产业的厂商及其他相关机构等组成的群体。从产业结构与学科结构相适应的角度而言，单纯的学科专业已经不能完全满足与产业集群的有效对接。构建学科专业群应对产业集群、岗位集群的发展尤为必要，选择学科基础相同，有共同的行业基础或行业背景，有共同的课程平台，有共同的实验、实训设施基础，有共同的师资队伍的专业，充分利用和整合资源，进一步形成课程群、实验、实训群和教师团队群，以学科专业群方式，"抱团"提高服务地方经济社会发展能力，"集群"参与地方经济发展建设。

把培养应用型人才作为学科专业一体化建设的主要任务。地方经济发展影响高校人才培养布局，经济发展中的技术结构也会发生变化，不同的区域经济、技术结构需要与之相适应的地方高校的学科专业设置的不同。地方本科院校要紧密围绕地方产业、行业发展和经济技术转型升级及其对人才培养的需求，以校企合作（产学合作）为载体，将专业建设、学科建设有机整合统一在一起。要以校企合作为平台，把学科（方向）建设目标与定位和人才培养的目标与定位统一在一起，把学科队伍建设和专业师资队伍建设统一在一起，把学科和专业教学条件建设结合在一起，把科研和技术创新基地建设与师生实践实习基地、学生就业基地建设有机结合，特别是引进行业、企业资源，校企共建实验室，为教学和科研工作服务。要注重引进和开发企业课程，结合企业对人才培养要求，开展课程教学改革，提高学生的社会适应性；结合企业需求，开展第二课堂，开展学生课外科技活动、学科竞赛等工作，提高学生实践工作和科技创新能力。

三、校企协同推进学科专业一体化的实施点

地方本科院校向应用型转型，意味着学科专业也要进行相应的转型。学科专业是大学的基础，学科专业的转型就是要让每个学科和专业都能创造价值，都有服务贡献能力。地方本科高校要坚持系统化观点，逐步以校企协同为着力点，推进学科专业一体化。

（一）要强化校企协同推进学科专业一体化的教育理念

地方本科院校向应用型转型，实质是把办学思路真正转到服务地方经济社会发展上来，转到产教融合校企合作上来，转到培养应用型技术技能型人才上来，转到增强学生就业创业能力上来，全面提高学校服务区域经济社会发展和创新驱动发展的能力，这就是说，校企协同创新是地方本科高校转型发展的重要突破口，地方本科高校的学科专业建设也要与校企协同创新紧密联系，通过校企合作推动学科专业一体化。学科建设和专业建设，分别体现应用型本科院校的科学研究职能和人才培养职能，并共同为社会服务，进而实现文化的传承创新。地方本科高校要坚持学科建设与专业建设并重的教育理念，以教学促进科研、以科研深化教学改革，学科建设与专业建设相互支撑、形成合力，推进学科专业一体化建设。地方本科高校要适应、融入、引领所服务区域的新产业、新业态发展，瞄准当地经济社会发展的新增长点，形成人才培养和技术创新新格局。要建立学校、地方、行业、企业和社区共同参与的合作办学、合作治理机制。校企合作的专业集群实现全覆盖。转型高校可以与行业、企业实行共同

组建教育集团，也可以与行业企业、产业集聚区共建共管二级学院。建立有地方、行业和用人单位参与的校、院理事会（董事会）制度、专业指导委员会制度，成员中来自于地方政府、行业、企业和社区的比例不低于50%。支持行业、企业全方位全过程参与学校管理、专业建设、课程设置、人才培养和绩效评价。积极争取地方、行业、企业的经费、项目和资源在学校集聚，合作推动学校转型发展。

（二）要构建校企协同推进学科专业一体化的组织体系

由于地方本科院校学科建设由学科办或科研处负责管理，专业建设和课程建设则由教务处负责管理，两个部门之间相互独立，致使在制定学科建设规划、专业建设规划和课程建设规划缺乏统一性和关联性，三个规划之间矛盾丛生、冲突重重，导致了各个二级学院在具体实施过程中，无所适从。因此，要通过学校组织体系的建设，推进校企合作为基础的学科专业一体化建设。①学校组织设计是以学校组织结构为核心的组织系统的调整与重组，是把学校组织的工作任务、流程、权力和职责重新排列组合和协调的过程。组织是实现学校战略目标的保证，组织设计是提升学校管理效能的必备手段。科学合理的组织设计有助于组织资源价值和效能的最大化，也是提高组织领导力、执行力和战斗力的保障。一般而言，高等学校的组织系统可分为承担学校行政事务的行政管理组织系统和承担学校科研与教学任务的学科专业组织系统。从学科建设与专业建设的内在协同关系来看，良好的学科专业组织体系是促进学科建设与专业建设的协同联系、提高本科人才培养质量的关键，不仅可以优化学科专业的资源配置，也能为学科与专业的发展提供理想的组织环境，有利于教学与科研紧密结合，有利于创造型复合型人才的培养。

（三）要构建校企协同推进学科专业一体化的制度体系

行政力量的非持久性，始终具有随时中断的隐忧，导致人们担忧其背后不稳定的行政推手，但是若将其作为固化的制度保存下来，其作用的持久性就会彰显出来，通过长期的制度性约束，能将某一种观念或行为习惯内化为主体的自觉追求。

地方本科高校管理部门和干部要主动寻找为学科专业一体化建设服务、配套的政策措施，积极调整管理模式和管理方法。各职能部门干部学习了解校内外学科、专业、课程现状及发展态势，具体地了解各自学校重点建设的学科、专业和课程是哪些，要认识并尊重学科带头人，积极探索发挥学科负责人、学科带头人主体作用的管理制度和工作模式，等等。

要完善学科专业评估机制。学科专业的评价主体要从单一的教育行政管理部门走向多元，要进一步发挥专业评估机构、新闻媒体和社会团体组织的作用。构建更具有针对性的专业评估体系，对不同类型、不同层次高校的专业进行分类评估，对新建本科院校加大"市场需求前景和应用型人才培养质量"指标的权重，对"重点专业""品牌专业""特色专业"也要跟踪评估，且要对其资金投入进行合理性及效益评估，为滚动进出提供依据。要探讨专业认证制度。评估是作为一种教育行政手段发挥作用，认证则是由第三方进行、对于高校所设专业的一种社会公证，使有关方面确信经认证的专业达到或超过既定教育质量标准。一旦某个专业失去认证资格，不单影响本专业，还会影响到整个学校的声誉，这样便能够发挥市场的力量促使学校更积极地考虑专业设置的合理性问题、专业的内涵建设问题。

（四）要强化校企协同推进学科专业一体化的内涵建设

学科专业的内涵由人才培养模式、课程教材体系、师资队伍结构、教学装备水平、人才培养质量评估等基本要素构成。

人才培养模式是学科专业内涵建设的基准。创新应用型技术技能型人才培养模式，建立以提高实践能力为引领的人才培养流程，率先应用"卓越计划"的改革成果，建立产教融合、协同育人的人才培养模式，实现专业链与产业链、课程内容与职业标准、教学过程与生产过程对接。扩大学生的学习自主权，实施以学生为中心的启发式、合作式、参与式教学，逐步扩大学生自主选择专业和课程的权利。要根据地方经济社会当前和未来发展的需求、学生全面发展和就业创业的需要、现代地方高校发展趋势和学校的现实基础与发展方向，探索

"本科毕业证＋职业资格证书"和"主修专业＋辅修专业"、"双证书"和"双学位"的办学模式。课程体系是学科专业内涵建设的灵魂。

深化人才培养方案和课程体系改革。以社会经济发展和产业技术进步驱动课程改革，整合相关的专业基础课、主干课、核心课、专业技能应用和实验实践课，更加专注培养学习者的技术技能和创新创业能力。将创新创业教育融入人才培养全过程，将专业教育和创业教育有机结合。把企业技术革新项目作为人才培养的重要载体，把行业企业的一线需要作为毕业设计选题来源，全面推行案例教学、项目教学。将现代信息技术全面融入教学改革，推动信息化教学、虚拟现实技术、数字仿真实验、在线知识支持、在线教学监测等广泛应用，通过校校合作、校企合作联合开发在线开放课程。对于大学英语等公共课，要坚持"大学英语人文教育的目标，通过教学让学生更多地思考自己的社会人生道路，树立正确做人的基本品质和基本态度，提高妥善处理人与自然、社会、他人关系的能力，培养高尚的思想意识、理想情操、心理性格、价值观念和文化修养"。盯准"应用型课程"这一重点，是抓住转型发展"牛鼻子"的不二法门。课程开发是学科专业建设的具体化与核心工作，应开发出较多有利于增强实践创新能力的课程，包括着眼于专业和职业技能培养的实习、实训课程；课程的变化必然带来教材的变化，应着手编制融入地方特色的实用性本科教材，逐步建立满足转型需要的课程教材体系。改善师资队伍结构是学科专业内涵建设的核心内容。

加强"双师双能型"教师队伍建设。调整教师结构，改革教师聘任制度和评价办法，积极引进行业公认专才，聘请企业优秀专业技术人才、管理人才和高技能人才作为专业建设带头人、担任专兼职教师。有计划地选送教师到企业接受培训、挂职工作和实践锻炼。通过教学评价、绩效考核、职务（职称）评聘、薪酬激励、校企交流等制度改革，增强教师提高实践能力的主动性、积极性。要摆脱"有什么样的教师就开什么样的课""该砍的旧课程砍不下去，该开的新课程开不出来"的局面，必须持续培育"双素质型"的教师队伍。

教学装备水平是学科专业内涵建设的物质基础。"君子性非异也，善假于物也"，缺少必要的专业教学设备而要培育出合格的人才无异于纸上谈兵。应该根据学科专业规模配备相应的教学设施，特别需要整合院内外实践教学资源，加大实训实习基地建设。

人才培养质量是学科专业内涵建设的检验标准。要提高人才培养质量首先要创新教学方法，在探讨更有效的理论教学方法的同时要更加重视实践教学内容和方法的改革；其次要创新评价体系，改革"一卷定成绩"的考试方式，重视过程与结果的统一，推行多元化的考核体系。建立适应应用型高校的人才培养、科学研究质量标准、内控体系和评估制度，将学习者实践能力、就业质量和创业能力作为评价教育质量的主要标准，将服务行业企业、服务社区作为绩效评价的重要内容，将先进技术转移、创新和转化应用作为科研评价的主要方面。完善本科教学基本状态数据库，建立本科教学质量、毕业生就业质量年度报告发布制度。

第三节　地方本科高校校企协同创新的"双师型"师资打造机制

应用型本科院校是地方本科院校的转型发展方向，应用技术型人才培养需要的是与之相适应的"双师型"师资队伍。目前，许多地方应用型本科院校在"双师型"教师队伍建设中存在诸多问题，制约应用型人才培养目标的实现。地方应用型本科院校应通过完善确立专业发展定位、明确"双师型"教师认定标准、建立健全"双师型"教师教学评价体系及激励机制等措施，加强"双师型"教师队伍建设，以保障应用型人才培养目标的实现。

一、地方本科院校"双师型"师资队伍建设的定位

人才培养、科学研究、社会服务、文化传承创新作为大学的四项职能，既是教师的重要职责，也应该成为其专业发展的主要导向。地方应用型本科高校要根据自身的办学定位，围绕这四大基本职能加强师资队伍建设，积极探索教师专业发展与学校科学发展的互动双赢之路。

（一）在履行人才培养职能中加强教师专业发展

人才培养是高校的第一职能。地方应用型本科高校作为我国高等教育的重要组成部分，主要是培养适应经济社会发展需要的创新性应用型人才。地方应用型本科高校培养的创新性应用型人才应是基础知识较为扎实、专业面向较为宽厚、具有较强实践能力、突出创新精神、强烈社会责任感、科学精神与人文素养相互融合的高级应用型人才；应该是知识、能力、素质协调发展，具有较强的社会适应性，能够在市场经济大潮中搏击前进的"好使顶用"的应用型人才；应该是面向区域经济社会发展主战场，具有较强职业意识和区域意识，能够在地方留得住、下得去、用得上的应用型人才。

地方应用型本科高校培养创新性应用型人才，对教师的专业发展提出了更高的要求。一要大力提升学科专业知识。学科专业知识是高校教师专业发展的核心与基础，高校教师的劳动是一种复杂的、创造性的劳动，只有具备深厚的专门知识，才能完成这项任务。地方应用型本科高校必须通过培训等各种措施和手段，促进教师掌握最为前沿的学科专业知识，当然，教师自身也要通过自我反思与合作学习，努力增长教学需要的学科专业知识。二要大力提升专业实践能力。当今经济社会发展需要的应用型人才，是能够或善于将所学的专业知识和专业技能应用于所从事的职业实践的一类专门人才。这类人才的培养体系不同于传统本科人才的培养体系，必须坚持需求导向、应用为本的准则，必须特别强化学生应用实践能力的培养。而要提升学生的应用实践能力，首先要提高教师的专业实践能力。地方应用型本科高校要建立和完善教师社会调查制度，加强教师教学素质中的实践能力培养。不断完善教师定期到企业实践制度，每年组织教师到地方和企业考察调研，派专业教师到企业做"访问工程师"，全面了解企业的新工艺、新技术。聘任具有实践经验的专业技术人才和高技能人才担任兼职教师，大力提高专任教师的专业实践能力和教育教学能力。三要大力倡导研究性教学。随着高等教育大众化的深入发展，高校的生源结构也发生了很大的变化，地方应用型本科高校的教师必须不断提升自己的教学能力和方法，要善于把师德与师能有机结合起来，通过提高自己的教学水平，注重培养高素质的应用型人才。地方应用型本科高校要倡导教师在教学研究的基础上开展教学，授课的任务不仅仅是向学生传授知识，而是着力培养学生的能力，特别是在未来学习和工作中研究问题能力和创新能力。

（二）在履行科学研究职能中加强教师专业发展

科学研究是高校的重要职能，高校要积极适应经济社会发展需求，在知识创新、技术创新和区域创新中做出贡献。地方应用型本科高校履行科学研究这一职能，就是要以解决人才培养和地方经济社会发展中的问题为目的，在以人才培养为中心的前提下，积极开展教学研究和应用开发研究。高校教师首先应该是研究者，他所面对的是成熟、独立和精神已有所追求的年轻人。大学教师要指导、激励学生刻苦钻研，最好的研究者才是最优良的教师。事实上，特别是作为本科高校的教师，只有通过深入系统地研究，才能灵活地驾驭本领域的学科专业知识，才能采取更为适合学生需要的教学手段，才能收到事半功倍的教学效果。因此，地方应用型高校教师科学研究能力的提升是其专业发展的一项重要内容。也可以说，培养人才和创造研究成果是高等学校的双重任务，教师教学能力的发展和科研能力的发展是相辅相成、缺一不可的。

地方应用型本科高校履行科学研究这一职能，对师资队伍建设和教师专业发展提出了明确的要求。一要大力开展应用型研究。地方应用型本科院校的关键词第一个是"地方"，第二个是"应用"，这就要求这类高校教师的研究方向，应该与区域经济社会发展的需要紧密结合，将当地的历史、文化、产业等发展特性作为最重要、最独特的资源，按照区域经济社会发展规划和具体发展要求，把握区域需要，发挥地区优势，突出地方特色，创建自己的应用型学科，开展应用型研究。这样，就有希望将"地方"这一劣势转换为潜在的优势。二要开展跨学科研究。地方应用型本科高校学科建设的总体水平较低，各学科发展也不平衡，但这却为在全校层面上统一配置师资和物力资源创造了机会。可以说，与办学历史悠久的高校相比，这类高校在构建多学科共享的跨学科研究平台方面更具有潜在优势。在学科建设的初期，地方应用型本科高校要通过顶层设计、制度保障等方法来打造跨学科研究平台，促进跨学科和交叉学科团队的形成。

三要抓好学术团队建设。地方应用型本科高校的学术团队建设往往比较薄弱，目前普遍缺乏有影响的学科带头人，科研队伍总体实力不强，人才队伍成了制约学科发展的关键因素。因此，要通过不断地凝练学科方向，汇聚学科力量来形成学术团队，培养学术带头人，使学科方向成为凝聚、吸引优秀人才最重要的根据地。

（三）在履行服务社会职能中加强教师专业发展

在现代大学从精英型向大众化转型的过程中，其服务经济社会发展的职能也更为凸显。高校要牢固树立主动为社会服务的意识，全方位开展服务。大学作为人类进步的导航仪和社会发展的助推器，历来就承担着推动人类文明进步和社会发展的作用。当前，国内高校在实施对外开放办学战略的同时，也开始更多地实施本地化办学战略。对于大多数地方应用型本科高校而言，更是要把为地方经济和社会发展服务作为自己的一项基本的战略规划，把学校自身发展与区域经济社会发展全面对接，根据自身的主客观条件和区域社会需求确定办学目标、办学定位和服务面向。集中有限的物力、人力、财力等资源，研究区域经济社会发展中急需解决的理论与现实问题，为地方提供优质服务，在服务地方经济社会发展中提高自己的声誉和水平。

地方应用型本科高校履行服务社会的办学职能，对教师的社会服务能力提出了相应的要求。地方应用型本科高校提升教师的服务社会能力。一要提升认识，引导广大教师牢固确立扎根地方、服务地方的服务面向定位，不断增强广大教师服务地方的意识。二要大力提升教师服务地方的能力，组织专家教授走出"象牙塔"，到社会和企业考察调研，主动融入社会实践，了解社情民意；积极引导广大教师根据区域经济社会发展需要选择自己的研究方向、申报各类课题。三要努力搭建教师服务地方的平台，成立专门机构，签署对接合作协议，畅通校地互通渠道。采取优惠政策，扶持教师开展产学研合作。广泛开展社会普及活动，为社会提供形式多样的教育服务。引导教师面向经济社会发展主战场，积极发挥思想库和智囊团作用，不断提高对区域经济社会发展的贡献率。广大教师在积极参与服务地方经济社会发展中，也将会增长才干，促进教学、科研水平的提高，促进自身学科专业素养的提升。

（四）在履行文化传承创新职能中加强教师专业发展

将文化传承创新作为现代大学的一个重要职能，是对高等教育人才培养、科学研究、服务社会三个职能的发展和创新，体现了当今党和国家领导人对高等教育的高度重视，体现了当今经济社会发展对高等教育的新诉求。高等学校未来发展要担负这一崇高责任和历史使命，就必须能够引领社会风尚，传承优秀的传统文化，汲取外来文化的有益成分，创造适应社会要求的时代文化。通过文化的传承与创新，着力增强育人职能，不断提升国家的软实力和对外影响力，努力推动人类共同的文明和进步。

地方应用型本科高校履行文化传承创新职能，对教师提出了新的要求。一要自觉落实文化育人的使命。自觉践行社会主义核心价值体系，正确处理知识育人与道德育人的关系，秉承以人为本理念，切实把教书与育人紧密结合，不断增强教师职业的光荣感和责任感，注重学生的个性化发展要求，努力以自己的言行创造一个适合学生成长、成才、成功的文化氛围。二要积极参与区域文化建设。推进地方理论创新，努力把地方高校建设成为区域知识和思想文化创新的策源地或发祥地，通过思想引领推进地方社会进步，在对地方重大现实问题研究方面发挥重要先导作用。三要积极开展对外文化交流。作为地方高校的教师，要克服地域局限、资源有限、视野受限等不利因素，拥有尊重多元文化的博大胸怀，善于学习借鉴，吸纳百家优长，兼采八方精华，不断促进自己各方面能力的提升。

二、地方本科院校"双师型"师资队伍建设的标准

严格教师资质，提升教师素质，努力造就一支师德高尚、业务精湛、结构合理、充满活力的高素质专业化教师队伍。教育部也把制定各类学校教师专业标准作为落实纲要的一项重要任务。目前，"双师型"教师的认定通常是由各个高校自己来进行评定，还缺乏全国性的行业标准。许多地方本科院校尤其是一些新建本科院校，为了满足"转型"或"评估"要求，快速实现"双师型"教

师在教师队伍中的结构比例，简单地把取得了相关专业资格证书和教师资格证书的教师认定为"双师型"教师，甚至有些学校以"双证"作为认定"双师"的唯一条件，使得"双师型"教师演变为"双证"教师。由于学校错误地把"双证"等同于"双师"，拥有"双证"随之也成为教师们的追求目标，他们认为只要考取了相关专业资格证书后，就可以被学校认定为"双师型"教师，而不再去关心教学能力和专业实践能力的获取和提升。这严重影响了地方本科高校师资队伍的发展，也影响了地方本科高校向应用型的转型。

要明确地方应用型高校"双师型"师资的标准。通过多年的办学实践，对于"双师型"教师的内涵，大家比较趋同地认为：将教师的职业素质与其所属行业的职业素质进行融合，在知识、技术、技能、态度等诸方面具备系统的能力和素养。一是较强的教书育人能力。具有扎实的专业基础知识和复合型知识结构，表现为3个层面：人文社会科学知识；专业基础知识；专业知识和技能，即具有某类岗位（群）要求的专门知识和职业能力。要掌握教学规律，遵守教学规范，获得高等学校教师资格证书。积极投入教学改革，关注产业升级、技术更新、市场需求，能根据相关职业岗位（群）的要求开发设计新的课程，调整改进教学内容、教学方法，以适应区域经济和社会发展的需求。二是较强的实践应用能力。具有较强的实践环节教学能力。"双师型"教师必须熟悉相关职业领域内的生产规范、技术标准、管理规则等。组织指导学生开展社会调查、社会实践、课程实验、生产实习课程设计、毕业实习、毕业设计等实践性教学环节，具有行业从业经验。"双师型"教师应有一定的工作经验和工作阅历，能组织指导学生参与企业经营和生产管理。具有较强的科研和技术创新能力。"双师型"教师的社会服务能力应较高，研究成果能够为企业提供技术服务，并能组织指导学生开展科技创新活动。三是良好的职业素养。良好的职业素养包括高尚的师德、良好的心理品质、爱岗敬业、关爱学生等。特别是在当前工具主义盛行的时代，对于大学教师的职业道德素养和人文精神的要求是必要的，特别是要具备"渊博的人文学识、高尚的人文情怀、包容的人文品格和独立的人文精神"。

要完善"双师型"教师的系统设计。要按照教育部、国家发展改革委、财政部《关于引导部分地方普通本科高校向应用型转变的指导意见》的要求，加强"双师双能型"教师队伍建设。调整教师结构，改革教师聘任制度和评价办法，积极引进行业公认专才，聘请企业优秀专业技术人才、管理人才和高技能人才作为专业建设带头人、担任专兼职教师。有计划地选送教师到企业接受培训、挂职工作和实践锻炼。通过教学评价、绩效考核、职务（职称）评聘、薪酬激励、校企交流等制度改革，增强教师提高实践能力的主动性、积极性。地方应用型本科院校在对"双师型"教师进行认定时，除了考虑学历、职称、年龄结构外，特别应当考虑教师是否具备合理的能力结构，尤其要考虑教师是否具备优秀的教学能力和熟练的专业实践能力，即在"双师型"教师认定时除了关注"双师型"教师的外在"双证"形式，更要考虑其内在"能力"素质，尤其是教师是否具有一定年限的相关企业或行业的工作经历。

地方应用型本科院校应对"双师型"教师和其他教师采取不同的评价体系和评价标准。"双师型"教师除了担任理论课程的教学任务外，还要承担学生专业实践技能的指导工作，而这后一类工作不像传统课堂教学那样有规范的教学评价体系和标准。应用型本科院校应对"双师型"教师进行两个方面的考评：在理论教学方面，可以通过传统的教学评价体系和方法对教师进行评价；在对专业实践技能指导方面，应制定专项的评价体系和方法，可由院系专家、企业或行业代表和学生在学期末对教师进行教学水平、专业实践指导能力及科研素质等方面的评价，并根据评价结果，划分为不同等级的"双师型"教师，每个等级给予不同的薪资待遇。

三、地方本科院校"双师型"师资队伍建设的机制

地方本科院校要切实注重"双师"素质培养，主动把加强"双师型"教师培养纳入学校发展和专业建设的总体规划中去，将其作为一项战略性任务来抓，切实完善机制，健全长效机制，从政策制度导向上引导激励教师主动向"双师型"方向发展。

丰富教师的引进手段。地方本科院校一方面可在每年引进一些应用知识和应用能力都相对较强的专业硕士和有相关基层工作经历的硕士或博士研究生；

另一方面注意吸收一些曾经在企事业单位工作、具有丰富实践经验的专业技术人员、管理人员等，以调整教师队伍的结构。②上述这些人员或接受的是职业技能为主的高级教育，或长期在生产、服务一线工作，他们的专业思想巩固，动手能力强，其中很多人初步具有"双师"素质，只要在教学岗位上积累一定的教学工作经验，并且定期接受教育理论和教学教法的培训，他们就会很快地成为高水平的"双师型"教师。有针对性地深入高水平学校、对口行业企业，建立"人才培养基地"，培养、引进学校急需的高层次人才，将"刚性"引进与"柔性"引进相结合，通过聘请大中型企业、行业的专业技术强、实践经验丰富并掌握行业前沿技术水平的技术人员到学校担任外聘兼职教师、短期聘任、客座教授、特聘教授等"柔性"引进形式，充分发挥引进人才的社会效益和对学校事业发展的贡献度。

建立兼职教师队伍。地方应用型本科高校可以从生产、管理、服务一线的高级技术人员中聘请一部分理论及实践水平较高的专业技术人员担任专业教学工作。聘用兼职教师，可以将课程与生产实践紧密地结合起来，通过调整课程内容来适应社会相关行业的要求，兼职教师在学校教学活动中，可以促进学校在职教师向"双师型"转化。对于从社会或企业引进的专业技术人员，学校要建立有效的兼职教师管理制度。首先，学校在聘任时，除了考虑该类教师的专业实践能力外，更要考虑其是否具备良好的教学能力；其次，学校要建立完备的兼职教师基本保障制度，在兼职教师的福利待遇、考核、教学质量、奖惩等方面制定详细可行的管理制度；最后，学校通过对兼职教师进行不定期的听课、学生反馈、评教等多种形式，对兼职教师的教学情况进行详细了解，及时反馈给教师自己，并通过一定的奖励或惩罚措施引导兼职教师改进教学方法，提高兼职教师的教学质量。

构建青年教师实践培养成长体系。建立教师发展中心，促进教师专业发展。建立自己的教师进修和培训基地，经常性地为校内教师提供进修课程，同时也为教师进入企业实践提供机会，从而使教师及时了解实践领域的最新发展状况。加强校内实验、实习、实训培训基地建设。依托国家级和省级重点实验室、工程中心建立师资培训示范基地，为教师提供实践锻炼的平台。鼓励教师参加实验室、实训室的建设，进行实验、实训项目的开发。教师通过先进的实验教学仪器设备让学生学习本行业岗位（群）先进的技术、先进的工艺，能使教学更贴近产业、贴近就业。加强校外培训基地建设。学校应与企业深度合作，将学生的实训基地建在企业，使学校与企业互利互动。建立人才培养、科学研究、社会服务相融合并协同发展的产学研一体化机制，以科技项目为载体促进"双师型"教师队伍的建设，促进教师科研成果的转化。建立分类考核制度，实行奖优汰劣。学校对那些专业发展快的教师进行奖励，建立自我培养机制，加强兼职教师的教学管理。对于直接从高校毕业生中聘请的教师，学校可以通过分派教师到校内实训、培训基地进行实践体检；或搭建校企合作的平台，安排教师去企业进行实践锻炼；或定期安排教师去专业的培训机构参加相关专业进修等形式培养该类教师的专业实践能力和动手操作能力。

第四节　地方本科高校校企协同创新的运行保障机制

校企协同创新运行保障机制是校企合作中的合作主体（企业、学校、政府）为充分发挥各自的优势与功能，为促进校企合作的可持续发展而通过制定相关的法律、制度和措施而形成的机制体系。进入 21 世纪后，校企合作教育这一高校与企业双方共同参与、以市场和社会需求为导向的人才培养模式，越来越受到地方应用型本科院校的重视，高校和企业也在实践中积极探索合作的新机制和新模式。但是以现有的调研情况来看，在中国的校企合作培养应用型本科人才的发展过程中，还存在许多制约因素阻碍双方的合作开展，校企合作缺乏有效的运行保障模式和机制，缺乏校企双方沟通交流、校企合作评价与监督的平台，传统的高校管理体制、运行机制、投入政策等因素，都不同程度地影响了校企之间的合作，没有形成校企合作的有效运行模式。这些问题都需要加强校企合作模式的运行机制建设，以长效的运行机制来保障校企合作的稳定、健康发展。

一、校企协同创新的管理协调机制

地方应用型本科院校目前在校企合作方面的运作，主要来自校方的自发行为，这就造成校企协同创新难以协调，必须加强校企协同创新管理协调机构的建设。

政府要协调建立校企合作协调委员会。成员既要涵盖政府相关部门、当地企业和高等院校的高层领导，也要吸收中层管理人员、高职称教师及一线技术人员。依托校企合作协调委员会，调研当地教育发展、经济形势及对人才的需求情况，分析如何合作才能最好地满足校企双方的需要，确定在哪些领域开展校企合作项目，继而提供校企合作平台。通过以上方式，使学校和企业都能从自身需求出发，自由选择合作项目和合作伙伴。校企合作项目进入实质阶段后，合作协调委员会还要对合作过程进行实地考察，监督校企双方是否履行既定方案，最后通过对学生实习实训成果的检验，对项目做出总结评价。除了校企协调合作委员会，行业协会也能在咨询和信息服务方面起到桥梁纽带作用。多年来行业协会在校企合作的推介、认证、评估等管理关节上未获重视。实际上，行业协会代表着成员企业的利益，具有一定权威性，但又不属于行政部门，在校企合作中可以视为政府、企业、学校之间的中介机构。行业协会对外可以向政府提供本行业的地区发展情况，对内向成员企业传达政府在校企合作方面的政策法规，还可以监督企业开展校企合作的情况。因此，政府需要加大对行业组织的管理力度，扶持和发展有社会责任感、初具规模的行业组织，规范行业组织的形态和工作机制，建立行业组织参与校企合作监督管理的制度，使其发挥应有的作用，服务保障校企合作的顺利开展。

政府要加大协调管理力度。政府主管部门要与财政部门、人力资源与社会保障部门、教育部门和税务部门等相关部门进行协调，及时建立有效的沟通协调机制。建立激励约束机制、评价监督机制，规范合作行为，保障合作双方的利益，并通过宣传赢得社会的认同与支持。建立合理的激励机制，实现人、财、物资源向有益于校企合作的方向流动。建立校企合作多部门联席会议制度，协调其他政府部门、行业部门和行业协会参与校企合作的相关工作。在该制度框架下，针对校企合作的审批、备案和监管，与校企合作相关的多个部门都能够参与其中，共同商议制订管理措施，出台规范政策，推动教学改革。除此之外，还能够促进建立统一的职业证书系统，规范技能培训与管理。

地方应用型本科院校要设立校企合作教育管理部门。要使校企合作规范、有效、健康地开展，根据本科高校二级管理的机制，校企合作中心应该有两级机构。学校层面，由于校企合作的重心是人才培养，一般建议挂靠教务处，以便与正常教学的统一协调。院系层面，要求有一位副职担任院系一级中心主任，专心于与企业打交道，为学生的实践教学铺路架桥。校院两级校企合作中心还应配备专门人员和兼职教师，让具有一定的实践教学经验的高职称教师和熟悉合作教育运作的工作人员在中心里发挥联络作用。校企合作中心首先要全面了解学校的专业结构、课程体系和教学大纲，其次要与企业和行业组织等保持定期而广泛的联系，熟悉地区产业人才需求的状况，进而统筹规划并协调安排校企合作教育项目。对外，校企合作中心代表学校与企业联络合作教育事宜和签订合作协议，促成企业与学校达成某一合作教育项目；对内，校企合作中心要制订、健全专业实习大纲、学生实习守则、实习成绩考核办法、专业实习管理规定等一系列规章制度，建立规范的运行机制，确保实习实训保质保量有序进行。要理顺管理关系，明确管理部门和相关职责，落实管理责任。要运用现代教学评估理论，建立一套以考核学生实践能力和实践效果的评估体系，加强质量监控，定期开展检查评估，及时总结推广成功的校企合作教育项目的建设管理经验，不断提高管理水平。此外，校企合作中心还需要设计和制订合作教育过程中学生的管理方案，不断改善和促进学生、学校和企业三者之间的合作关系。

行业企业要积极参与校企协同创新。区域和行业要以人才培养为己任，积极参与扶持校企协同人才培养，利用自身的广泛触角，主动为校企协同提供行业规范标准、前沿产业信息、产学研合作项目、工程实践、资格认证和学术交流等咨询服务，使校企协同人才培养突破仅限于协同主体资源要素利用的瓶颈，以区域和行业为平台，走向更为广阔的社会空间。

二、校企协同创新的利益驱动机制

要建立良好的校企合作关系，关键是要建立合理的调整校企合作关系的运行机制。校企合作的运行机制包括导向、约束、激励等外部机制和利益、平衡、保障等内部机制，其中利益机制是校企合作最有效、最根本的调节机制。

校企双方要提升合作理念。校企协同创新不能只从学校发展的角度去考虑合作，而应该立足双方的发展去思考合作。合作发展不是学校单方面的发展，应该是利益对等的共同发展，校企合作不仅仅是要完成学校育人的任务，同时也必须使企业实现利润最大化，所以一定要与企业的经济利益直接挂钩。校企合作不能总是靠外部机制去推动，不是说外部机制就不需要了，外部机制的终极目标是要激发内部机制的活力，所以应该从社会的市场化调节机制上来引导校企合作，真正确立市场化的内部利益动力机制，这才是校企合作深入的根本因素。

学校要通过强化为企业服务提升企业的内在需求。校企合作教育的良性发展离不开紧密的利益驱动关系。高校能为企业更大的发展提供更多的支持，企业参与校企合作教育的愿望就越强烈。地方本科高校要成立专业化团队，密切联系行业企业，深入研究行业企业，寻求合作利益共同点。地方本科高校要建立合作关系，更好地与当地创新要素资源对接，与经济开发区、产业聚集区创新发展对接，与行业企业人才培养和技术创新需求对接。积极争取地方政府、行业企业支持，通过建设协同创新中心、工业研究院、创新创业基地等载体和科研、医疗、文化、体育等基础设施共建共享，形成高校和区域经济社会联动发展格局。积极融入以企业为主体的区域、行业技术创新体系，以解决生产生活的实际问题为导向，广泛开展科技服务和应用性创新活动，努力成为区域和行业的科技服务基地、技术创新基地。瞄准传统产业改造升级、新兴产业发展和新型城镇化过程中一线劳动者技术提升、技能深化、职业转换、城市融入的需求，大力发展促进先进技术应用、形式多样、贴近需求的继续教育。主动承接地方继续教育任务，加强与行业和领先企业合作，使地方本科高校成为地方政府、行业和企业依赖的继续教育基地，成为适应技术加速进步的加油站、顺应传统产业变革的换乘站、促进新兴产业发展的人才池。

政府要发挥利益协调作用。政府应该建立并完善相关政策法规，构建以财政拨款、企业税收和行业准入为主导的政策约束与激励机制，通过政府项目、校企协同基金、校企协同财政补贴等方式引导全社会参与工程人才培养。政府部门对支持并参与校企合作的企业给予一定的优惠政策，如减免相应的税收，或适当给予财政补贴等，鼓励更多的优质企业加入校企合作。政府要培育良好的市场秩序，通过制度创新，从健全校企合作法律法规的角度，促进政府主导、行业指导、企业参与的地方高校办学机制的建立；通过政策创新，完善政府导向、约束、激励机制等校企合作外部机制；通过体制创新，引导建立市场条件下的第三方专业化组织，评估鉴定校企合作，并为校企合作提供信息咨询、政策分析、行业动态等服务；通过机制创新，构建教育与行业企业的对话平台，研讨校企合作问题，寻找战略发展的结合点，探索校企合作的长效机制等。建立校企合作评估指标体系。将合作育人纳入企业社会责任评估体系，扩展企业在高职学生招生、培养方案设计、专业课程开发、教育师资培养等方面的参与度，深化企业在学生实习和就业质量方面的责任和义务。

三、校企协同创新的合作联动机制

高等院校与企业合作进行技术改进、技术创新是提高企业竞争和发展能力，推动高校科技创新能力的根本要求。高校作为科研人才集聚、知识生产集中的地方，具有资金、工业生产经验、技术和物质条件相对缺乏的劣势；企业作为将知识产品商业化和产业化的载体，具有技术革新能力相对较弱的劣势，校企合作能够最大限度地发挥双方优势，摒弃双方劣势，推动高校和企业的双赢。

建设校企协同创新的资源共享平台。高校与企业的社会分工不同，其资源特征和容量也各有千秋，因此，必须建立双方资源互补和共享的机制。从资源优势的角度而言，学校有人才、知识、信息、科技成果等资源优势，企业有生产技术、实践环境、资金设备、科技转化等优势，在校企合作的过程中，企业的优势很容易发挥，但学校的优势却很难体现，原因是学校普遍地缺乏与企业进行深入合作的能力，学校不能给企业带来显而易见的经济效益，对企业帮助不大。正因为学校方面存在的合作能力缺陷，现有的校企合作多数只能局限于学校向企业提供廉价劳动力的方式。要按照"供应链"管理的原理，使企业共享高校的教育培训资源及文化生活资源，使高校共享企业的设备、项目和技术资源。建立资源整合的服务平台，以综合化、高水平的服务质量调动各类企业参与校企合作的积极性。建设校企合作企业资源库，实行准入与退出机制，通过招标等措施管理实习企业。政府通过公开公正的形式（如招标）遴选出达标的企业并建立实习企业的动态数据库，并向高校开放。

强化校企双向交流机制。地方本科院校需从自身所处的区域、行业和产业的实际情况出发，探索出适合校情国情的"互动共赢"校企合作运行机制。②制度保障层面上，高校要尽可能邀请企业参与共同制定校企合作系列保障制度，校企共同起草对双方都具有约束性的校企合作章程、校企合作管理制度及比照企业生产管理流程制定生产性实训制度、岗位管理制度、在岗毕业答辩、预就业顶岗实习制度等具体的操作性的规章制度，为校企合作的深入开展提供制度保障。在组织实施层面，建立"双向引进、双向互聘、双向培训、双向服务"的校企合作运行机制，实现校企之间、学生与岗位之间有效对接。具体来说，"双向引进"是指学校引进企业资源，建立校内生产工厂或经营实体，引入企业真实的生产任务，同时企业将学校教学资源引入企业，在企业内部设立研发开发工作室或实景教学车间，吸收高校的学生进行生产性实习和将学校的科技研发成果转化利用；"双向互聘"是指校企双方对各自设立的经营实体或教学科研实体在人员上交叉引进、相互聘任，在企业的生产经营和学校的实践教学上互为补充，共同受益；"双向培训"是指学校通过聘请企业专家和技术骨干参与校本培训，或派教师下厂锻炼，培养"双师型"师资队伍，学校开展各类专题培训班提供企业员工培训或有针对性地为企业培训输送急需的一线操作技工；"双向服务"是指企业通过合作建立校外实训基地、参与人才培养规格制定、共享最新行业信息和产业技术等方式参与到学校的人才培养全过程，使学校的人才培养适销对路，满足企业需要，学校在企业技术改造升级过程中或者遇到发展难题时，及时提供技术、人才和智力支持，解决企业生产经营和发展过程中遇到的管理和技术方面的难题。

加强校企协同创新的信息化建设。通过建立完善而顺畅的信息沟通渠道，一方面，实现校企合作各部门间的信息往来与沟通；另一方面，理顺机构间的各种关系，使得指令、计划或决策变化能够及时准确地传达，增强工作的效率。校企合作联动机制的关键问题之一就是信息的流动。在校企合作过程模型中，校企合作的启动是由高校技术供给与企业技术需求之间的碰撞产生的，高校的情况、企业的情况，双方的供需都需要"信息"来传递。高校和企业都应建立专业的信息管理系统，这一管理系统应包括高校的资源投入、科研成果、人才培养、对外影响等，企业的主营产品、知识储备、技术创新、知识缺口等内容，通过信息系统可以清晰地了解高校的技术供给和企业的技术需求。同时，在校企双方合作过程中，信息系统应有跟踪式的信息披露机制，使得合作双方在信息透明的状况下合作。

针对性解决校企联动不畅的问题。有的高校封闭办学，不愿意与企业行业联系。有的企业存在认识上的偏差，它们认为高校毕业生很多，不愁招不到新员工。它们还认为没有必要进行政校企合作甚至把政校企合作视为额外负担。有的企业在为学校提供实习技术和岗位时，对重点产品和技术实施保护，使得学生无法学习行业或企业最先进的技术。学校与企业在技术合作中，缺乏对知识产权的保护意识，对有关合同条款考虑不太严密，容易产生不必要的纠纷和争执，使校企合作中学生进行实习、顶岗及就业等正常工作进展不畅。针对上述问题，政府主管部门要加强研究，建立教育产学研结合的动力机制，出台产学研结合的政策法规和具体管理办法，为产学研结合的健康发展提供法律和政策保障，使所有参与主体各司其职、各尽其责、各享其利，确保产学研结合在公平互惠的原则下深入持久地开展下去。

四、校企协同创新的政策保障机制

校企合作实际上是学校与企业之间的一种资源交换与共享，一种涉及不同实体之间的全方位合作。要想真正解决校企合作的瓶颈问题，建立健全校企合作的长效机制，靠学校一方主动出击是解决不了问题的，需要政府进行宏观调控，制定政策举措引导和利用财政资金扶持。

建立完善地方本科校校企协同创新的法律体系。目前，国内关于校企合作的法律文件和优惠政策多是使用于高校，而没有涉及向应用型转型的地方本科院校。除了借鉴高职教育的法律法规，地方应用型本科高校更期待政府能制定具有普遍指导意义的校企合作教育法，更好地规范和约束国内各地方高校的校企合作行为。制定相应的奖励与惩罚机制，实现校企"联姻"，为校企合作的长久深入发展提供良好的法制环境。

完善和保障校企协同创新的政策和财政制度。校企合作从教学研究、机构设置、信息服务平台搭建到推动合作项目实施，各个环节都离不开资金上的支持。到目前为止，多数高等院校主要通过以下办法解决合作教育的经费开支：政府对高等院校的财政拨款、学校的办学收入、行业组织或企事业单位对合作教育的投资、社会团体和个人捐款。目前尚无具体政策对校企合作这类多元教育模式的财政投入进行明文规定。参照一些先进国家政府的规定，我国的校企合作经费，应由政府、学校、企业三大参与主体共同筹措。本科高校所属的地方政府部门应建立校企合作所需的专项经费，同时要对经费的划拨数额、使用办法及使用效果的评估做出详细说明。此外，财政部门、税收部门、金融部门还要协调制定和完善校企合作相关优惠政策。同时，政府还可以引入竞争性的拨款机制和免税政策，增加对校企合作方面的投入。要想达到更理想的资金筹措效果，还应要求学校和企业作为合作教育的实施主体，也应在资金筹措方面做出贡献。

完善校企协同创新的评价制度。考核评价机制是衡量校企合作成效的重要机制，只有通过客观合理的评价与考核才能发现校企合作过程中的问题并予以及时修正，推进校企合作的顺利运行。加快形成行业企业、院校和第三方机构等多方深度参与的质量评价机制。完善应用型教育质量评价制度。将评估结果作为奖惩依据，督促校企合作双方持续改进。对参与校企合作积极、成绩突出的企业，政府可通过相关法规在项目申报、税收减免、技术改进、评比表彰等方面实行倾斜，并对企业在校企合作中的经济投入实行补偿。对参与不积极的企业提出整改意见并进行跟踪评估，向媒体公示，以激励企业积极参与合作。

加大地方高校向应用型转变和校企协同创新的宣传机制。引导部分地方普通高校向应用型转变是我国高等教育改革发展过程中的一件大事。对于高等教育适应和服务经济新常态，助力创新创业、产业转型和国家一系列重大经济战略的实施有着十分的重要意义。而加强校企协同创新是实施这一转变的关键环节。当前，大学生就业难现象突出，高校毕业生就业形势严峻，而各地众多企业又难以找到所需的大量应用技术型人才。高等教育人才供给与劳动力市场需求在人才培养规格上的错位，造成大学毕业生就业困难，其制度性根源来自现有的高等教育结构体系。从现实角度看，大学生结构性失业反映出高等教育和社会政治经济、文化传统、科学技术这些外部关系的失调，要求高等院校要根据社会经济科技等方面的要求，在培养目标、专业设置、课程结构、教学模式等方面做出相应的变革。要加强对向应用型转型发展的地方本科高校各级领导干部和广大师生员工的思想教育和政策宣传，举办转型试点高校领导干部专题研修班和师资培训班，坚定改革信心，形成改革合力。广泛动员各部门、专家学者和用人单位参与改革方案的设计和政策研究。组织新闻媒体及时宣传报道试点经验，为地方高校和校企协同创新营造良好的社会环境。

第五节　地方本科高校校企协同创新的文化整合机制

校企协同创新深层次问题就是企业文化和校园文化难以很好地融合，这也成为构建校企合作长效机制的一个障碍。学校与企业的文化内涵、价值取向各有自己特殊的一面，校园文化是一种教育文化，其目标是如何有效地利用各种资源培养更多更好的人才，而企业文化是一种经营文化，其目标是为社会提供良好服务的同时追求利益的最大化。从某种意义上讲，校园文化是一种使命文化，企业文化则是一种责任文化，将二者融合起来更有利于人才培养。

一、校企协同创新文化整合的现实意蕴

任何一种主流文化都是在多维化发展的过程中，通过学习、分析、提炼和总结，逐步形成自己的核心精神和方向。主流文化可以相互借鉴，更有融会贯通之处。在专业性较强的高校，校园文化建设过程中融入企业文化可以带动以

工促学教育思想、教育管理的变革及教育方法上的渗透，使学生产生积极的情感和创造意识，从而有效提升学校的专业化办学水平。

有助于提升大学生的成才成人。大多数地方本科院校的学生仅就知识和技能而言，许多毕业生基本能适应企业需要。由于优越的生活条件及社会大环境的影响，一些大学生也形成自我为中心、消极、懒散的价值理念，缺乏适应现代企业注重的企业管理和人际关系的职业素养，但他们处于人生观和世界观自我确立阶段，其观念有很大的可塑性。把企业文化引进校园，让学生体会到企业及社会激烈的竞争和优胜劣汰的事实，增强对未来生存的危机感，让学生在职业实践中和企业文化的熏陶下逐渐了解、感悟、认同企业文化，并初步形成较好的职业素养，才能在人才竞争中脱颖而出，受到企业的欢迎。同时，学院通过校企合作、工学结合，校企文化在互动中对接并形成合力，正确地引导学生接受企业员工的团结协作、积极进取、精益求精等优秀的文化价值理念，接受社会核心价值理念的熏陶，净化他们的人格品质，使他们逐步树立正确的世界观、人生观和价值观。

有助于丰富地方本科院校的大学文化。地方本科院校正处于向应用型转变，应用型高校的大学文化也需要企业文化的介入。地方应用型高校的办学特色不仅体现在专业特色、课程特色、管理特色、服务特色等方面，还表现在有特色的校园文化上。对于地方应用型院校来说，只有在文化建设上吸收不同类型企业的优秀企业文化，才能形成各具特色的校园文化，并促进地方应用型院校办学特色的形成。校企文化的融合不是为了短期改善学校的生存状况，而是地方应用型院校健康持续发展的客观要求，能够提升地方应用型院校的品位、内涵和综合实力。

有助于地方本科高校校企协同创新的顺利推进。目前地方本科高校广泛开展的校企合作与协同创新多流于形式与一般化，普遍存在校方热情很高、企业缺乏积极性的状况，使校企合作难以向纵深发展，校企双方难以保持长期的合作。细究起来，虽然原因诸多，但校企文化存在差异、校企合作中文化交流与融合不够是一个重要原因。校企双方的目的不同，所进行的精神活动和物质活动的内容与方式自然不同。因此，校企合作要想长期顺利进行，必须缩小校企双方在文化上的差异，进行文化交流，最终达到校企文化融合，方能使校企合作深入进行。

二、校企协同创新文化整合的基本原则

地方本科院校的校企协同创新文化整合，必须坚持科学的原则，不断保持各自的优势，消除文化隔阂和障碍，最终提升文化整合的时效性。

地方本科院校的校企协同创新文化整合要优势互补、突出特色。校园文化是一种教育文化，其最高目标是如何有效地利用各种资源培养更多更好的人才，是一种使命文化；企业文化是一种经营文化，其最高目标是在为社会提供良好服务的同时追求利润和效益的最大化，是一种责任文化。在校企双方文化融合的过程中，既要广泛对接、优势互补，又要以自身文化为核心、为特色，有机地、科学地吸纳对方优秀的文化来丰富、发展自身的文化体系，不能机械地引进和生硬地照搬，更不能因融合而弱化了自身的文化主题和文化特色。

地方本科院校的校企协同创新文化整合要突出融合、促进沟通。说到底，校企文化的贯通、融合本质上就是校园文化和企业文化的交流和融合，促进彼此间的理解和沟通，形成共同发展愿景。企业作为市场经济的主体，有其优秀的企业文化和相应的核心价值观，如敬业精神、团队精神、竞争意识、创新意识、企业形象等，高职院校要服务区域经济发展，就必须多宣传吸收企业的竞争文化、质量文化、诚实守信文化、安全意识文化、企业形象文化等，尤其是在"订单"班或以企业命名的特色班中，传颂企业的精髓文化，宣传企业的创业史、企业的竞争优势、企业家队伍等，用企业的优秀文化与核心价值观培养学生的职业道德和职业操守，使学生能够尽快地适应企业工作的要求，真正实现毕业与就业的"零距离"对接。企业当然也要学习借鉴地方本科院校中的特色文化，不断丰富自己的企业文化。

地方本科院校的校企协同创新文化整合要顶层设计、构建平台。地方本科高校进行整体设计，要将合作企业的文化思想和管理制度融入学校的办学理念、管理体系当中，在日常的学生管理中融合企业文化，在校园环境建设中融入企业文化，培育和弘扬大学精神，挖掘和传承学校传统底蕴，在办学过程中突出

办学理念，积极培育和大力弘扬学校精神。要积极打造校企协同创新文化的平台，领导重视文化建设，教师发挥引领作用，学生积极主动参与，企业积极协调配合，形成工作合力。促进校企协同创新文化的形成，既要走出去，高校要积极走进企业，研究企业，又要引进来，经常性邀请企业的有关人士来校做有关报告，开展校企文化整合的主题活动，逐步让校企文化在学生中"内化于心，固化于制、外化于行"。

三、校企协同创新文化整合的具体设计

校企文化融通有利于高职院校形成良好的校园学习氛围，更好地开展教育教学工作，紧扣人才培养、科学研究、社会服务、文化传承四大功能，科学定位、彰显个性，提升整体办学水平。

在教育教学改革中对接企业文化。地方本科高校要注重在教育教学改革和人才培养全环节融合企业文化。要在实训教学模式改革中融合企业文化。为了让学生了解完整的企业文化理念，感受企业的管理方法和手段，在校内的实训车间，改变传统的教学方法和管理程序，模拟企业的生产管理体系进行实训教学，将企业的管理模式贯穿于各个实训环节。要在理论教学内容改革中渗透企业文化。无论是文化课还是专业基础课，都要千方百计渗透合作企业的职业道德、人文素养、管理制度、生产要求等。教师要积极巧妙地将企业文化转化成课堂上鲜活、生动的教学元素，将企业精神逐渐地移植到学生的心里。要在校本教材编写中融入企业文化。通用的教材是按照国家通用工种的技能型人才培养目标编写的，具有广泛的指导意义和应用价值。但对"订单培养"的学生而言，开发校本教材，对接专业学知识，对接岗位练技术，就更具有教学的针对性和实效性。教材的内容除了专业基础知识和相关专业技能以外，还要有针对性地引入企业文化、企业精神，使学生在学习专业课程和训练操作技能的同时，接受企业文化，培养爱岗敬业、吃苦耐劳、遵章守纪、精诚合作的团队精神。要在工学交替实践中融合企业文化。学生定期到企业进行阶段性的岗位实习，以"准员工"的身份亲自体验和亲身感受企业文化，从而培养职业情感、职业道德、职业规范、职业精神及工作价值观。身临其境地感悟企业文化、接受企

业管理，不但锻炼了学生的动手能力、岗位实践能力，还使学生内化了校企双方的文化，促使其学生身份和未来职工身份紧密结合，为顺利就业、岗位创新打下坚实的基础。

要以大学文化引领企业文化。大学文化的使命就是大学所具有的文化传承、文化启蒙、文化自觉、文化选择、文化创造、文化引领等作用的总和，大学校园文化的使命的根本价值在于对受教育者进行文化熏陶，提高个体的文化选择能力，进行大学文化创造和孕育大学文化精神，进而推进社会文化进化，规范社会价值系统，引导社会文化健康发展。要以地方本科高校的大学文化引领企业文化，培育企业创新文化。随着现代科技迅猛发展和国家实施科教兴国与创新驱动战略，创新成为国际竞争的重要标志之一。这就需要地方本科院校培养中国智造人才，并与对接企业整合资源，合力实现科研引领的人才培养创新。改变当下人才培养创新精神与创新能力不足的问题，提升未来企业准员工的创新素质。要引领企业文化，契合社会主流文化。当前，社会主义核心价值观成为全国人民的共同精神共识与社会风尚。地方本科院校必须把具有"最大公约数"的价值观念引入合作企业，实践并弘扬社会主义核心价值观，与时俱进地契合主流文化，大力弘扬劳动最光荣、劳动最伟大、劳动者最美的劳模精神，倡导技能宝贵，人才重要，创造伟大的新风尚，实现大学文化价值的提炼与再造。要引领企业文化，努力建设学习文化。地方本科院校与现代企业的管理过程和文化的对接，也是不断学习与研究、借鉴与改良的过程。在此过程中，两个组织在合作的基点上，持续互动、互相学习，努力建设学习型校园和企业，把终身学习理念贯彻到组织的建设和实践中，提升两个组织群体的学习意识与学习能力，谱奏学习型社会之音，实现我国人力资源由量变实现质变。

第八章 地方高校创业教育师资队伍情况

第一节 创新创业教育师资力量存在的问题分析

一、地方高校创业教育师资队伍现状

我国大学生创业教育师资不但质量不够，而且数量不足。对大学生创业教育师资而言，创业管理认识是前进动力，创业实践经验是现实需求，创业理论知识是基本保障。应依托校内教师构建师资队伍，依托校外成功人士充实师资队伍，依托校友完善师资队伍。

（一）创业教育师资数量和质量分析

与发达国家相比，我国创业教育的开创和发展都是相对滞后的。在制约我国创业教育发展的诸多相关因素中，创业教育的师资队伍建设是重要且需要大力改善的一个因素。

1. 高校创业教育师资数量相对不足

创业教育师资的缺乏成为制约大学生创业教育发展的一个重要因素。我国高校创业教育师资队伍存在的最大问题是数量上的短缺，特别是创业教育师资队伍中的专职教师比较缺乏，不能够满足创业教育教学的需求。

虽然目前开设创业教育课程的高校不少，但大多数是依托经济管理方面或从事学生工作的专业教师开设部分选修课程，普及率和影响力均有待提高，专门的师资队伍尚未得到有效的保证。目前全国高校中创业教育的教师大部分都是从原来的经济管理或是从事学生工作转行而来的，他们对创业教育的认识和

理解有待提升，而且这部分教师一般都有自己专门的研究方向和课时任务，这也使得他们不可能全身心地投入到创业教育当中来。从创业教育师资培养的角度来讲，创业教育要想得到长远的发展，必须有专门从事创业教育以及从事创业教育课程的教学及研究的师资队伍，只有在数量上有了保证，质量才会得到整体的提高。

2. 高校创业师资质量有待提高

大学生创业教育作为一门独立的学科或专业，需要有该学科和专业的负责人或带头人。高校大学生创业教育师资队伍要发展壮大，首先要做的就是引进或培养该专业的骨干人员，以骨干教师为中心建立专业团队，进而辐射到该专业的所有教师。目前我国大学生创业教育的师资现状还不容乐观，师资力量和师资能力都没有办法保证。

（二）地方高校创业教育师资队伍现状

总体而言，我国高校现有从事创业教育的师资主要由三类人员构成：原来从事经济管理类等专业理论教学的教师、从事大学生就业指导的辅导员以及学生工作部门的管理干部。现有创业教育师资队伍的学历结构、专业结构、职称结构、年龄结构都不尽合理。社会兼职教师几乎是空白，致使创业教育在高校与社会之间缺乏桥梁，不能有效利用社会资源。创业教育薄弱的基础和并不浓厚的发展氛围使创业教育的研究相对缓慢。专业的学科、专业带头人和学术骨干不多，形成不了优秀的教学、科研团队，影响了创业教育的发展。

二、地方高校创业教育师资存在的问题及成因分析

（一）地方高校创业教育师资队伍存在的问题

1. 校内创业教育师资缺少实战经验

目前高校校内的创业教育教师大多没有创业实践经验，很多高校教师都是毕业后直接进入高校，基本上没有创业的经历，也没有企业工作的经历，所以

在指导创业的过程中，更多的是传播书本上的内容，基本上属于纸上谈兵，缺少对市场及风险的亲身感知。

2. 缺少校外创业教育师资

在指导创业实践的过程中，有创业经历的校外教师相对来讲比较缺乏。首先，有创业成功经验的人大多事务繁忙，很少有时间和精力到高校给学生授课，或者指导学生创业实践。即使有些有创业成功经验的人有为高校学生授课指导创业实践的意愿，在时间上也是具有局限性的。其次，是校外具有一定经验的创业者未必能够全面培训好大学生，他们往往在某一方面比较擅长，或者只是针对他自己从事的行业能够给予学生指导，但是高校的学生是来自不同学院，构成情况和需求情况都是多元化的。所以，校外的师资一般是以讲座的方式来和学生进行一些沟通交流。

3. 创业教育师资队伍的培训投入不够

创业教育师资队伍由于很多是半路出家，很可能在某一方面能力比较突出，但作为创业教育来讲，需要具备多学科的知识和技能，所以相对来讲要提高创业教育师资队伍的整体水平，就需要加大培训力度，但总体而言，大多数高校在创业教育师资队伍培训方面的投入还是比较有限的。另外，在职培训缺乏，有40%的专职人员不能得到及时的专业培训。一是由于大学生扩招人数增多，二是许多高校未配备充足的专职从事创业教育的工作人员，大多数人都忙于事务性工作，没有时间接受专业化的进修和培训。

4. 校内与校外创业师资没有有效整合

比较理想的创业教育是校内创业教育教师的系统教育和校外有实战经历的企业人士的创业实践指导相结合。但是实际情况恰恰相反，校内的创业教育和校外的创业教育实践指导并没有有机融合。

5. 创业教育师资建设的保障不够健全

硬件设施不完备，缺乏配套的软件。硬件设施包括了机构、经费、设备等，是实现创业教育师资队伍建设的硬件保障。虽然大部分高校建立了就业创业指导中心或创业教育教研室，但经费投入仍然不到位，设施少、陈旧，工作环境简陋，创业指导机构只停留在应付日常工作事务上，无法履行应有的职能。专业的心理咨询师、职业咨询师、法律顾问严重不足，学科背景为创业教育相关的教师比例过小，队伍结构不合理。从事创业教育教师的待遇还普遍较低，职称问题也没有及时解决。高校创业教育相关专业较少，造成相关专业背景的高学历毕业生较少，在某种程度上也制约了创业教育的快速发展。

6. 创业教育师资遴选标准不明确

随着创业教育的不断深入，国家和高校越来越重视其师资队伍的建设，国内高校也竞相掀起了对创业教育进行研究和实践的热潮。教育部虽然已对加强高校创业教育师资培养提出了一些指导性意见，但对高校内部如何选择创业教育教师、创业教育教师应当具备哪些条件才能科学指导大学生的创业活动，并没有一个明确的标准和规范性文件，因此，明确一个创业教育师资选择标准是高校培养创业教育教师面临的首要问题。

7. 创业教育师资的考核机制亟待调整

目前高校一般是按照岗位及工作量来考核和奖励，考核标准比较单一，这种考核机制不适用于创业教育师资的考核。创业教育教师不仅需要教学，而且需要频繁地接触社会，进行创业咨询指导工作，而且还要指导学生参加大学生创业大赛等一些工作，因此需要投入大量的时间和精力。但是按照当前的考核和奖励机制，他们的收益少、工作量大，这影响了创业教育教师的积极性和主动性，从而造成了创业教育师资整体水平较低，不能有效地开展创业教育。

（二）地方高校创业教育师资存在问题的成因探析

1. 创业教育师资管理机制不够完善

创业教育师资队伍管理机制不完善，未形成健全的创业教育管理体系。虽然多数高校已经建立了一套完整的教师聘任、考核、奖惩制度，但由于教育考核体制本身的滞后，以及各种人为因素影响，使"论资排辈"、"干好干坏一个样"等不良现象产生。目前，我国多数高校对于创业教育教师的管理并不规范，通常由创业指导教研室进行管理，创业指导教研室隶属于就业指导中心，属于学校的基层单位，行政管理权威性小、管理职能弱。另外，创业教育教师中有大部分是其他院系的兼职教师，行政管理上归属所在系部，创业教育教学研究属于"主业"之外的工作，他们对创业教育团队缺乏集体感和归属感。

除了对创业教育教师的日常工作管理需要调整之外，许多高校还缺乏相应的师资管理机制，包括创业教育教师的聘任、培训、组织协调、课程安排、职称评定和资金支持等，只有使这些机制健全，我国高校的创业教育才能取得良好效果。

2. 创业教育师资专业化有困难

创业教育对学科综合性要求较高，从事创业教育的师资队伍在完成专业教学的基础上，要参与社会实践，还要做好全校大学生关于创业方面的咨询指导工作，可以说是做到一专多能。这种特殊的要求与当前传统的教师管理制度形成很大矛盾。当前大多数高校的思想政治、党务、学生管理人员和教师的管理属于归口管理。教师队伍有各自的工作量，并以此为提供报酬和奖惩的标准，其他行政人员按行政管理的办法核算。现行教师管理制度将创业教育教师置于十分尴尬的境地，按照教师岗管理，由于创业教育教师在大学生创业的全程中提供指导，对有意向创业的大学生提供专业方面的咨询，所以全额的教学工作量不利于专职创业教育教师的工作。然而用行政岗管理创业教育教师也是不合适的，毕竟有教学任务，在管理上归属于教师序列。上述情况是高校管理制度中一个极大的障碍，严重制约了创业教育师资队伍专业化的形成。

3. 创业教育校外师资难以保证

校外的有创业经历的企业或相关人士应该是担任大学生创业教育师资的一支重要力量，大学生也有迫切的愿望希望能够听到有创业经历的校外师资的经验介绍。但是校外的创业教育师资建设上面临困境：一是如何选择合适的校外创业教育师资；二是资金问题，即一些比较有知名度的培训师的课酬往往较高，这对于高校来讲是负担不起的；三是管理问题，校外人员不属于高校体制内人员，所以如何管理、如何提高校外人员参加大学生创业教育积极性等方面都是问题。

4. 高校领导对创业教育师资管理认识不一

先进的师资队伍建设是由完善的师资队伍管理来保障的，而完善的师资队伍管理建立在科学的教育管理理念之上。高校的管理者要开阔视野、放眼世界，在学习国外先进管理经验的基础上，引领教师方向，而不是停留在现今被动、接受型的教育管理模式上。高校管理者应发现，当前创业教育是世界性教育的新理念，大学生在校期间除了获得学术性的学历证书，还要获得职业性的职业资格证书，以及能够证明创业能力和开拓技能的创业教育证书。考研、就业、国外留学，已经成为我国大学毕业生的主流选择，而在校期间的培养计划的目标仅有应用型人才与研究型人才两者之分，所以必须尽快改革高校的教育管理理念，提出适应当前社会主义市场经济发展的师资队伍建设目标。通过对创业教育地位的提升、创业教育内容的改革等措施，加强高校创业教育，并建立一支稳定、专兼职相结合的高素质、高效率的创业教育师资队伍，切实同步提升大学生创业的精神与技能。

5. 创业教育师资的稳定性不够

伴随着高校的扩招，高等教育的大众化也奠定了较好的基础，但随着在校大学生人数的剧增，教师队伍暴露出很大的缺口。尤其是创业教育教师，属于热门及新兴专业，社会需求量大，由于外界诱惑和内部管理等各方面的原因，骨干教师流失现象严重。另外，教师的隐性流失问题突出，创业教育的实践特殊性要求其与社会紧密联系，有些教师虽然人在教师岗位上，但他们的精力已经转移到其他事务中，教学及相关工作被其他兼职工作严重影响，教学质量无可避免地下降，创业教育师资"隐性流失"的问题日益凸显。

6. 创业教育师资自身的问题

我国创业教育开展起步较晚，适合中国国情的创业教育理论体系尚未形成，大部分"半路出家"从事创业教育的教师对原专业知识掌握扎实，其他领域的专业知识还有欠缺。另外创业方面的专业知识了解并不深入，所以对创业教育的教学和实践把握不足。创业教育是一门集教育学、心理学、经济学、管理学等多个专业与一体的综合性学科，要求专职教师有较高的专业素养、职业素质和实践指导能力。另外，由于工作的局限性，和社会接触不多，有的创业教育的教师对当下社会职业需求了解较少，在教学中理论联系实际的能力不够，导致指导大学生创业的能力不足，在激发大学生的创业意识及提升大学生创业能力方面做得不够到位，使教育仅仅停留在课本到考试的层面上，没有落实到真正的创业行动中。

兼职大学生创业教育的教师除了创业基础知识和能力存在局限之外，在精力、时间方面的投入，也受其"主业"影响。像有些从事辅导员工作的大学生创业教育教师，他们在学生管理工作中已经超负荷运转，工作琐碎复杂，常规性和突发事件层出不穷，所以在时间和精力上对于大学生创业教育教学的投入都是有限的。

创业教育教师自身还存在着其他一些问题，如从事大学生创业教育工作的积极主动性不够。个别教师认为学校对于创业教育并不重视，工作环境和工作条件很不完善，从事创业教育的总体力量薄弱等，这些观念也是制约创业教育教师发展的重要方面。另外，我国尚未形成完善的创业教育体系，缺少相对稳定的教材，课程设置、教学内容与教学方法都在探索过程中。先期开展创业教育的投入和风险都太大，且回报甚少，这都不同程度地挫伤了创业教育教师的热情。部分教师认为创业教育是就业指导部门与学生管理工作的事，于是在公共基础课和专业理论课的教学过程中基本没有把创业教育的有关要素融入其中，学生很难从基础理论教学和专业素质培养中了解到创业教育方面的知识。

三、地方高校创业教育师资队伍建设对策

（一）地方高校创业教育师资队伍建设对策

1. 明确高校创业教育师资培养目标和遴选标准

加强大学生创业教育师资队伍建设，首先要明确高校创业教育师资培养目标。配合当前高校创业师资培养现状，高校开展创业教育，首要问题是构建一支专业基础理论与创新实践能力较强的"双师型"创业师资队伍，因此，我国高校创业师资队伍的培养目标是：构建一支综合素质高、创新实践能力强，能

科学指导大学生创业实践，并为大学生创业活动提供专业咨询和服务的师资队伍。

　　加强大学生创业教育师资队伍建设，还要明确高校创业教育师资遴选标准。对于高校创业师资的遴选要遵循"专业扎实、专兼结合、拓宽渠道、注重实践"的原则，创业教师不仅要从高校内部精心挑选，择优培养，还要结合学校专业发展，从社会上广招贤才。因此，高校的创业教育师资应符合以下标准：一是在专业领域内有一定学术造诣；二是有过创业成功经历或参与企业营销策划的成功实践经验；三是热爱大学生创业教育事业；四是在企业经营、风险投资、财务管理等创业核心领域有独到见解，符合以上标准的专业人士，都可以加入高校创业教育师资队伍的行列。

　　教育部虽然已对加强高校创业教育师资培养提出了一些指导性意见，但对高校内部如何选择教师、创业教育教师应当具备哪些条件才能科学指导大学生的创业活动，并没有一个明确的标准范性文件。因此，明确创业教育师资选择标准是培养创业教育教师面临的首要问题。笔者通过对创业师资的研究，认为高校的创业教育教师应具备以下条件。

　　（1）专业知识扎实，学术造诣高

　　创业教师作为创业教育的主体，自身必须具备扎实的专业理论基础知识，并在专业领域内有较高的学术造诣；同时还要有较强的创新实践能力和技术成果转化能力，能担任大学生在专业知识学习过程中和创新创业等实践环节的技术和学术顾问；另外，能创造条件让大学生参与科研项目，提高学生的创业实践能力，有能力通过高校的产学研实验基地、高新技术为大学生创业提供实践平台。总而言之，具备较强的专业基础知识和创新能力是指导大学生实现梦想和创新实践的基础和保障，专业基础过硬也是对创业教育教师最起码的要求。优秀创业教育教师是引导大学生走向创业之路、启发大学生创业创新思维的启蒙教师和创业实践过程中的顾问。

　　（2）善于创业指导，服务意识强

　　大学生创业实践的过程是一个系统工程，每一个环节都涉及不同的内容，具体包括专业基础知识积累、创业项目设计、创业具体实施、创业过程管理及创业实践反馈等环节，每个环节都离不开专业人士的帮助和指导。在创业计划前期，离不开高校创业氛围的培育，对大学生创业、创新素质培养和创业基础知识的灌输，帮助大学生设计一个合理的创业计划，是创业萌芽期和初期的重要内容。在创业计划实施和管理阶段，关于企业、财务管理、风险规避等知识是创业中期的核心内容。因此，在各个阶段，都需要教师的介入和指导，这就要求创业教育教师善于指导大学生的创业活动，同时由于时间上的不确定性，也要求创业教育的师资队伍有很强的奉献精神和服务意识。

（3）有创业经历且实践经验丰富

创业是一项实践活动，与基础理论知识不同，是需要"真刀实枪"进行探索和实践的。但是作为高校教师有创业经历的人毕竟不多，因此需要从社会上聘请具有创业经历、成功的业界人士和企业管理人士"现身说法"，以自身创业过程中的亲身感悟和经验教训，帮助大学生合理选择创业项目、总结创业过程中需要注意的问题。

2. 强化高校创业教育师资培训体系建设

高校创业教育师资培训需要各方面的支持，中央和省市各级政府部门应在加大创业教育总经费投入的基础上，设立创业教育师资队伍建设专项经费。这笔培训经费要做到专款专用，对于专职教师，可用在定期培训与提高上，使专职教师都能得到定期的免费培训；对于兼职教师，可应用在对其技能培训和创业咨询师、创业指导师等资格认证培训上。与此同时，政府应给一些企业适当的补贴，用于支持创业教育教师到这些企业挂职锻炼，提高他们实际的工作经验和创业指导能力。

（1）创业教育师资培训的意义

对于现阶段的大学生创业教育师资现状，师资培训是提高创业教育师资水平的有效手段，也是提高大学生创业教育师资教育教学能力的必备环节。

师资培训有利于提高创业教育教师指导学生创业的有效性。通过师资培训，强化师资指导学生创业的目的性和有效性。如创业机会的选择，可以通过培训让创业教育的教师帮助学生明确创业项目如何选择。优秀的教师可利用其专业知识，对市场进行综合分析，对学生的创业方向和行为进行系统而专业的指导，使大学生在创业过程中减少创业的盲目性，少走弯路，这对于大学生的创业和国家产业结构的调整都有重要的意义。

师资培训有利于引导大学生产生积极的创业动机。优秀的教师能更好地调动大学生的创业意识，创业意识是大学生创业实践活动的基本前提，只有在创业意识的带动下，才会产生创业行动。教师可以在教学过程中将创业的意义和价值灌输给学生，有意识地激发大学生的创业理想和创业信念，培养大学生的创业精神，形成勇于探索、艰苦奋斗、自强竞争的创业精神和心理品质，为将来的创业打下良好的基础。同时，优秀的教师能引导大学生的创业动机，创业动机会影响今后的创业行为，所以，教师应该在创业教育过程中积极引导大学生的创业动机，使他们从更深的层次理解创业的意义。再有，优秀的教师能培养大学生的创业能力。创业能力是创业教育的核心内容，是指一种能够顺利实现创业目标的特殊能力，它直接关系到创业能否获得成功。经过系统化培训的教师在教学过程中能更好地培养学生的专业技术能力、经营管理能力、社会交往能力和信息捕捉能力，从而使实际创业的过程更为顺利。

（2）强化高校创业教育师资培训体系建设

强化高校创业教育师资培训体系建设是培养优秀创业教育师资的前提和保障。加强创业教育师资培养，引导各专业教师、就业指导教师积极开展创业教育教学与实践实训案例研究，建立一支专兼结合的高素质创业教育师资队伍是当前高校提高教学质量，做好人才培养工作的迫切需要。为了加强创新创业教育的师资培养，总结我国高校开展创业教育方面的经验，高校创业教育培训需要建立一套完善的体系。同时，在创业教育师资培训机构的资质上，教育部门一定要严格把关，保证专业师资的高质量。

创业教育师资培训可以通过案例讲解、实践模拟、参观考察、经验交流等形式打造"理论教学＋模拟实践＋经验交流"的三级课程体系，强化实践培训，培养和提升学校创业教育的内在能力。授课的师资力量可以依托社会资源和高校实训基地强大的专家导师团，既有来自创业教育工作主管部门的负责人、高校的教授学者，也要有来自企业界的创业家。在课程的设计上做到：一是模拟创业教育师资教学场景，在创业教育师资培训过程中让老师先感受一下学生要做的创业项目，从而在培养学生的过程中能够更有目的性和前瞻性；二是实施项目制管理，让接受培训的创业教育教师合理组建创业团队，参与实践学习；穿插角色扮演法，模拟公司各职能部门开展各项管理工作；三是突出实践教学，强化创业实习实践环节，通过参观考察、经验交流等方式弥补创业教育教师实际创业经验的不足。

（3）创业教育师资培训的内容

创业教育师资培训的内容要具有针对性和实用性，创业所需要的知识是多元的，所以创业教育师资培训的内容也应该是多元化的，包括必要的法律知识，如合同法、消费者权益法、劳动法、商标法等；一定的财务知识，创业是有风险的，要把有限的资金用到能带来最大利润的领域，这就需要对各行业的风险及收益情况进行详细的了解和分析，对资金的筹措及使用进行认真的规划，对投资收益进行详细的核算，这样才能保证投资的收益；必备的管理知识，在创业的过程中需要对企业的所有要素资源进行合理配置，管理者的管理水平和能力将会影响到整个企业的运作，影响到员工的工作热情，缺乏企业管理知识，创业者是无法将企业带入正常轨道、良好运转的；较多的营销知识，企业的产品或服务只有在销售出去之后才能够体现出其内含的价值，在竞争日益激烈的今天，想把产品和服务销售出去难度也越来越大。只有进行营销策划，对产品或服务进行有效宣传，才能让消费者对自己的产品有所认识和了解，并产生购买的欲望和行为，而这些都需要对市场营销知识的熟悉。

（4）加大创业师资队伍培训力度

随着创业教育的不断发展，各种创业教育的师资培训也逐渐增多，高校应努力把创业教育团队成员逐年、分批外派以进一步加强培训。通过参加培训学习，创业教育教师提升认识、研究方法、探索规律，加强对创业教育的了解和认知，为教导学生创业实践奠定专业基础。与此同时，聘请成功企业家、创业者、技术专家来校讲学，从创业实践的角度分享他们的"实战"经验。高校可以通过有计划地加强创业师资队伍的培训，从而树立正确的创业教育理念，激发教师参与创业教育的热情，使创业意识与创业能力在培养学生的过程中有更大的发展空间，更好地服务于创新创业教育。

创业教育师资培训要系统化，将上述内容有机融合进创业教育师资培训当中，而不是像专业课那样宽泛，要具有针对性和指向性，做到培训有效、有用和系统。

3. 高校创业教育师资的选择范畴

结合国内外高校创业教育师资培养的先进经验实践，对创业教师的选择要遵循"专业扎实、专兼结合、拓宽渠道，注重实践"的原则，创业教师不仅要从高校内部精心挑选，择优培养，还要从社会上广招贤才。对高校创业教育师资的选择要注重专兼结合，一般来讲，可以成为高校创业教育师资的选择范畴包括以下几个方面。

（1）相关领域内的校内专业师资

首先，可以充分利用校内的专业师资。从专业技术领域看，高校应在创新创业专业能力较强的学科上，择优选择具有较高学术造诣、专业基础知识扎实、技术成果转化能力和实践能力较强的专业教师担任专职创业教育教师。从创业管理的角度看，加强对创业管理知识的传授也十分重要，因为创办企业离不开企业管理、财务风险控制等因素的制约，尤其对于非企业管理专业的理工科学生来说，开展创业活动，加强创业项目的科学策划、运营、管理和风险控制等的传授，对大学生成功开展创业活动有重要作用。而经管学院的教师在企业管理、公司、财务管理、风险控制等方面都具有良好的基础。因此，在创业管理方面，经管领域的专业具有良好的专业素质，这是指导大学生成功创业以及管理企业的重要导师。

（2）开展学生工作的相关教师

从宏观指导和管理角度看，就业指导中心的人员承担着高校就业指导和日常就业信息管理的工作，处于高校就业指导工作的最前沿，对高校就业市场的发展情况、就业信息及就业创业中出现的问题都有比较准确的把握。因此，也可以吸引高校就业指导中心专职管理人员担任专业教师。大学生创业就业活动要有扎实的专业基础知识，同时具备创业精神和素质，除此之外，掌握创业方法和技巧也是必不可少的。关于创业就业基础理论方面的传授，高校就业指导中心具有职能上的优势。因此，从高校就业指导部门挑选专职讲授创业基础理论的教师是比较好的选择。

另外，大学生辅导员处于大学生学习、生活的第一线，对大学的学习、生活等动态都比较了解，可以在与学生沟通的过程中向大学生渗透创新、创业的知识，并在大学生中培养创业的良好氛围。大学生辅导员能根据大学生在创业过程中遇到的问题和情绪变化，对其及时进行排解，可以成为大学生创业过程中的"心理疏导师"，因此可以吸纳高校大学生辅导员承担创业大学生"心理疏导师"和创业信息反馈的职能。

（3）有过创业实践经历的成功人士和企业家

创业实践是创业教育的核心，因此，聘请企业成功人士和企业家现身说法，传授自己亲身经历的创业实践经验，对有志于创业的大学生来说是最好的教材。这些创业成功的人士都经历过创业的艰难和挫折，他们对创业过程中会遇到的问题、创业机会的把握、创业团队的选择及管理等方面都有深刻的认识和体会。尽管大学生的创业项目与他的创业方向会有所不同，但对创业中的共性问题他们都会给予中肯的建议。因此，有过创业实践经历的成功人士和企业家是创业大学生最好的榜样和"活教材"。

（4）校外相关领域的专家和资深人士

创业需要资金，而资金问题是创业能否顺开展的重要因素，如何有效地融资并有效地利用，也是创业成功的关键。创业投资和风险投资机构的资深人士则是这方面的专家，聘请其担任创业导师，一方面可以对创业大学生如何有效融资、规避风险等问题加以指导，另一方面可以为一些优秀大学生的创业项目争取资金和资源，解决大学生的后顾之忧。大学生创办企业和创业项目实施过程中，一定会遇到财务管理方面的问题，尤其对于非企业管理和财务管理专业的大学生来说，完善财务管理和资金运营方面的知识十分必要。因此，聘请企业财务管理部门的管理人士担任创业导师，是为了弥补大学生在财务运营和管理方面的不足。与此同时，创业大学生在经营创业项目的过程中，也一定会遇到一些法律、程序上的问题，甚至会遇到一些不可预知的法律纠纷和争议，如何正确地运用法律知识处理相关问题，也是大学生创业者一个必备的能力。因此，聘请法律咨询专家担任创业导师团队中的一员也是十分必要的。

（5）专业的创业咨询团队和机构

专业出成效，只有专业才能有发言权，聘请专业的创业咨询团队担任创业导师，让他们以专业的角度，运用创业咨询机构多年积累的国内外最新的创业案例、培养方法和创业教材培训内部创业教育师资，并指导大学生创业实践活动，这是非常快速、有效的途径。

创业教育师资队伍是开展大学生创业教育的主体和实施者，大学的创业教育离不开优秀创业教育师资团队的培养和建设，而如何科学合理地培养创业教育师资队伍，明确选择标准、合理划定选择范围是我们实施创业教育的前提和保障。大学生创业活动是一个系统工程，需要高校和社会的共同参与和系统教育。因此，我们必须加快优秀创业教育师资培养的进程和质量，集高校与社会创业教育师资之精华，建设一支科学合理的创业师资团队。同时，我国的创业教育还刚刚开始，需要积极借鉴国外创业教育的先进经验，大胆创新、勇于实践，充分利用现有的资源，不断更新教育理念、强化实践教学、加强企业合作，只有这样才能有效推进我国的创业教育师资培养和创业教育发展的进程。

4. 开展大学生创业教育共同授课的模式

共同授课模式的概念存在已久，但是并没有得到普及。在大学生创业教育师资的有效利用方面，共同授课方式是比较适宜的。初步想法是由来自企业或者有创业经历的校外师资和来自校内的教师构成大学生创业教育教学团队，使大学生的创业教育能够吸取来自校内和校外教师的教学成果。校内的教师有机会和校外教师进行教学的研讨，同时优势互补，使得学生可以得到多元化的知识和技能。这种共同授课模式也需要各方面的协调和政策的支持与保证，所以在实际的操作过程中可以总结经验，不断完善这种大学生创业教育共同授课的模式。

5. 鼓励大学生创业教育教师进行创业实践

教师作为教书育人的一种职业，和商业创业似乎有很大的距离，传统的教师形象和充满商业氛围的创业似乎是不能融合的。鼓励高校教师创业，对高校而言，这种师资培养模式也是一个崭新的课题，难度很大，搞不好会适得其反。所以需要制定一个长期的发展规划，从制度层面进行管理，让创业教育教师利用自身优势积累经验，但又不失教师的主业。就这方面而言，高职院校可以借鉴"项目管理"的形式与模式，将教师业余创业作为一种研究型课题项目来管理，通过主动申报、层层审批、最后把关的方式，为有条件并主动参与创业尝试的教师提供一个平台。这种实践式的探究模式比"孵化器"式的研究模式更具现实意义，同时也可以为创业教育带来更多、更直接、更具活力的教学案例。但是这种方式对于高校来说可能会存在人才流失的隐患，也就是说，如果高校教师创业成功后是否还会留校任教，这也是需要制度和激励机制的构建来保证。

6. 建立有效鼓励教师投身创业教育的激励机制

建立起利益驱动机制既是体现教师劳动的重要指标，也是促使教师主动、积极参与创业教育的重要动力。对在创业教育中做出突出贡献的教师，按照既定的报酬标准予以奖励。同时，要给教师个人进步拓展的空间，对于教师在教材编写、论文发表、进修培训、经验交流等方面，除了金钱上给予鼓励，还应在软件方面创造空间给予支持，如组织教师到同类院校或创业市场进行系列考察活动，建设创业教育教师的培训基地等。利益上的激励机制建设增强了教学工作中的向心力和凝聚力，使创业教育师资队伍的建设能够步入良性发展的轨道。

四、地方高校创业教育师资队伍评价体系的构建

针对我国目前创业教育教师总量不足，整体素质不高且发展不平衡的情况，政策层面应尽快考虑建立、建全创业教育师资培养体系，尽快制定创业教育教师任职条件规范，并实施创业教育教师资格准入制度；通过建立创业教育师资培训体系，以专家讲座、备课会、案例剖析等形式定期定点开展国家级、省级系列培训活动，加大创新创业教育教师的培养和培训力度，点面结合，分层推进，力争在短期内，培养一大批能够适应创业教育要求的专职教师；加强对专业教师的创业知识和实践能力培养，推动专兼结合的创业教育师资队伍的快速成长；注重对创业教育教师队伍的学科结构、职称结构和年龄结构的调整和加强创业教育教师队伍的团队建设。同时，国家和省级教育主管部门应支持有条件的高校建设创新创业教育学科，开办创新创业教育类专业，加强创新创业教

育学科带头人和学术骨干的选拔和培养，培养专业人才，使创业教育形成一定规模。

（一）地方高校创业教育师资的需求

高校大学生创业教育的教师不仅要求掌握专业理论知识，还要求具备创业指导能力。创业教育涉及的内容广泛，是一门集社会学、教育学、心理学、信息学以及相关专业知识相结合的综合性学科，因此对教师的专业知识、实践能力与综合素质的要求也就非常高。

1. 高校创业教育教师要有较高的文化素质

为了建设一支合格的创业教育师资队伍，专业课教师应具备大学本科及以上学历，实习指导教师要具备较强的实践能力。较高的文化素质是提高教育质量的前提，也是其他创业素质和创业能力形成和发展的基础。

2. 高校创业教育教师要熟练掌握创业所需的技能

在高校开展创业教育，培养出的人才不仅要掌握专业理论，更要突出实践技能，这是创业教育的重要特点。创业课程在很大程度上要求学生自己动手来完成，因此，培养学生具有较强的操作能力是创业教育突出的特点。这就要求教师应具备娴熟的操作示范能力，以便指导学生完成操作训练。

大学生创业教育教师要具有解决生产实际问题和推广技术的能力。在高校开展的创业教育与生产发展和科技进步关系密切，要求教师有一定的生产经验和科学研究、技术推广等多种能力，以及解决生产实际问题。

大学生创业教育教师要具有市场经济意识和经营管理能力。创业教育与经济和社会发展有着密切的联系，创业教育教师必须具有市场经济知识、市场经济意识和经营管理能力，才能更好地完成教育教学任务，把学生培养成适应市场经济要求的开创型人才。

大学生创业教育教师要具备过硬的应用信息能力。创业教育与信息技术有着十分密切的联系，这就要求创业教育教师不仅应掌握新的信息和教育技术，而且还应具有过硬的收集信息、处理信息和运用信息的能力。只有掌握了创业教育的相关信息和处理信息的能力，才可能在创业活动中辅导学生利用信息技术解决一系列实际问题。

（二）地方高校创业教育师资评价体系的构建原则

1. 差异性原则

目前，大多数的高校对于大学生创业教育师资的考核评价并没有单独列出，这体现不出大学生创业教育工作与专业学科教育的差异性。对于专业课教师来说，比较注重教师的综合理论水平和研究能力，而对于大学生创业教育教师来说，不仅要求其具有扎实的专业理论水平，还要求其具有较高的本行业的实践操作能力。因此，大学生创业教育师资评价体系的制定既要考虑到高等教育的特点，也要考虑到大学生创业教育的差异性。

2. 动态性原则

大学生创业教育师资标准包括两个方面，一是资格标准，包括学历、职称、工作经历、技能等级、业绩、成果等；二是考核标准，从大学生创业教育教师发展的角度来看，考核标准要注重高校大学生创业教育教师教学能力的提升，这些能力包括适应创业教育所需要的课程开发能力，以及集专业理论课教学、实践课程指导、理论与实践融为一体的职业课程教学能力。大学生创业教育研究成果的开发应用能力是动态的。

3. 系统性原则

大学生创业教育教师评价体系必须体现出较强的系统性，用若干条件指标进行衡量。体系中的每J项指标均有明确的条件和限定范围，这个指标体系不仅能体现高校大学生创业教育教师的通用能力，还体现出从事创业教育教师的鲜明特色。

（三）地方高校创业教育师资队伍评价体系的构建

制度建设是大学生创业教育工作的重要基础，是教师工作的依据和有力保障。依靠制度的力量推动创业教育师资队伍建设主要表现在工作量安排和绩效评估上。完善的创业教育师资队伍评价体系需要明确教学质量管理的组织结构，制定主要教学环节的质量标准和教学管理制度，完善教学质量反馈信息处理系统和教学质量保障体系分析系统。创业教育教师在进行专题讲座、指导学生创业实践、参与创业咨询的工作中，可以有章可循地折算成教学工作量，为落实奖勤罚懒的制度提供依据。

考核与评价制度作为教学活动过程中的重要组成部分，起着调节、控制、导向、决策的功能，对促进大学生创业教育师资建设起着至关重要的作用。为此，学校应不断完善制度，积极创造和谐的教育教学氛围，引导和激励创业教育授课教师向着"理实一体化"方向发展。一是制定规范具体、操作性强的实施细则，明确创业教育教师岗位职责、任务、认定与管理办法；二是制定具体可行的考核办法，加强量化考核指标与岗位聘任相结合，强化创业教育教师考核的力度；三是建立督导制度，形成教学工作责任机制，通过建立不定期的听课制度和抽查教案制度，对教师的教学工作提出建议和改进措施；四是建立评教制度，形成教学质量考核机制，通过学生评教、学院评教、专家评教的形式，全面、公正地评价创业教育教师的创业教学工作；五是制定有效的激励政策，将参加创业实践作为教师晋级的一项硬性要求，并与职务晋升、工资、福利待遇等方面挂钩，对优秀的"理实一体化"创业教育教师给予适当奖励。

1. 创业教育师资评价目标

创业教育对教师的创新素质、创业素质、创造能力和知识结构都提出了新的要求，则教师的评价体系应能反映行业特点，体现在教师能力、教学环节和教学效果三个方面。因此对创业教育教师的评价，目标是建立促进教师职业道德与教学业务水平不断提高的评价体系，突出评价的激励和调控功能，激发教师内在发展的动力。

（1）评价目标

评价主要是为了改进教育者的工作过程和学习者的学习过程，因而应把提高工作和学习的过程质量放在首位。通过创业教育师资评价目标的设定有效地激发大学生创业教育师资提升教育教学水平的动力和积极性。创业教育评价目标是整体提升大学生创业教育的质量和水平，综合全面、客观公正的评价创业教育师资的劳动和成果。

（2）评价指标

评价指标是评价目标的具体化，它应充分地反映评价指标的要求。评价指标的重点也应放在过程质量上，以便让评价对象随时获得与工作学习有关的信息，及时调整、改进，逐步提高。

（3）评价主体与客体

学校内部教育系统的领导、教师、督导、学生均应是评价主体，同时也均应是评价客体，这样才能保证反馈信息的全面性与准确性。

2. 高校创业教育师资考核评价体系原则

（1）将大学生创业师资的考核评价体系单独列出

从各级教育主管部门到各个高校，从学校的各级领导到教学一线的教师，大家要对大学生创业教育教师提高认识。对大学生创业教育教师的考核评价是对地方高校人力资源进行有效管理的必要手段。通过提高认识，在职业学校中营造出努力提高创业教育教育的良好氛围，推动大学生创业教育队伍的优化和整体大学生创业教育目标的提升。

（2）建立长效激励机制，加大在考核中对大学生创业教育教师的考核力度

学校对于大学生创业教育教师应给予一次性奖励，同时将大学生创业教育教师素质的考核纳入每期的绩效考核体系中，并将考核评价结果与教师工资、受聘、晋升、奖惩、进修培训等各方面的切身利益结合，建立起长效激励机制，让教师通过考核结果客观地认识自己并不断改进，达到考核评价的真正目的。

（3）建立科学的考核评价体系

大学生创业教育师资的考核评价是一项系统工程，要使考核评价形成长效机制，必须建立一套科学合理、系统全面、操作容易、动态调整的考核评价体系。考核评价体系具体应包括考核评价指标、考核评价方式、考核评价程序、考核评价组织及考核评价信息反馈等部分。

要建立系统全面、操作性较强的考核指标体系，根据不同时期高校创业教育的发展需要，对考核评价指标和权重进行动态调整。

设计指标时要考虑到创业教育师资的差异、与其不同部门之间的差异及不同水平之间的差异，在指标的设计及权重的分配上应有差异。

要公开具体的操作流程和考核评价环节，确保考核信息收集的准确性与评估结果的公正性。

健全资料收集和反馈制度，建立考核主体（即学校）和考核对象（即大学生创业教育教师）之间的信息沟通和反馈机制。

（4）立足实际渐进推行，实现考核评价的多元化

各高校在进行考核评价时，要根据实际情况，在充分调研论证、广泛征求意见的基础上提出稳妥可行的实施方案，选择恰当的考核范围，分步骤、有重点地实施。在制定考核评价指标体系时坚持定量指标与定性指标并重，侧重定量指标；客观指标和主观指标并举，客观指标优先；既要防止设计过简，又不要搞得过繁；要注重指标的可操作性，难易适中、先易后难，不求尽善尽美，只求可行有效。

（5）扩大评聘大学生创业教育师资的范围

可以扩大评聘大学生创业教育师资的范围，如具有非教师系列专业技术职务的实践教学指导教师，在企事业或科研等单位取得非教师系列专业技术职务，但由于具有专长被聘在高校任教且能胜任大学生创业专业理论课程教学工作的人员等。这样做可以鼓励更多的社会人士为创业教育做出贡献，为高校的大学生创业教育发展源源不断地补给力量。

3. 创业教育师资评价体系的主要依据

一般认为，开展创业教育师资评价至少需要考虑以下因素。

（1）确定评价制度和评价内容

学校中的教师评价有鉴定性的评价、管理性的评价和发展性的评价。对于鉴定性的教师评价，

一般应采取宜粗不宜细的原则；对于管理性的教师评价，一般应注意宜精不宜泛，即要抓住那些确有定论的、教师必须遵守的规定加以严格要求；对于发展性的教师评价，则需抓住学校改革的重点，充分依靠教师的民主参与，组织开展形式多样的评价活动。

（2）确立创新创业教育价值观

创业教育是一项面向现在和未来的事业，其价值观应具有适当的超前性。

学校在开展创业教育师资评价的活动中，从我国创业教育的现实出发，提倡五种基本的价值理念或精神：主导精神、人文精神、科学精神、创新精神和实践精神。

（3）确立全面的教育质量观

对教师教育质量的评价是一项非常复杂的工作，因为教师对学生的影响具有综合性、长期性和个别差异性的特点，其影响的性质和程度很难用直接测量的方式加以评判。比如一堂课下来，学生不仅会有知识上的收获，还会受到情感的陶冶、能力的锻炼以及行为习惯的培养，而除了某些知识内容的掌握情况比较容易测查以外，其他方面的变化情况更多地只能依靠观察和感觉去把握。那么，评价者用什么样的质量观去评价教师的课堂教学效果乃至全部教育活动的效果就显得特别重要了。

（4）确立整体的教育效益观

只有确立正确的教育效益观念，才可能对教师的教育工作有一个更加准确的评价和导向。需要强调的是：要纠正仅以结果论水平的观点，树立起教育效益的观念。教育效益应该是直接效益与间接效益的统一，是当前效益（体现为当前具体教育任务的完成情况）与长期效益（体现在教育活动对学生的能力、品质、倾向等稳定性特征的影响上）的统一。

4. 创业教育师资评价的主要内容

（1）职业道德及服务意识

志存高远，爱国敬业；为人师表，教书育人；严谨笃学，与时俱进；热爱教育事业，热爱学生；积极上进，乐于奉献；公正、诚恳，具有健康心态和团结合作的团队精神及创新能力；了解和尊重学生，能全面了解、研究、评价学生，尊重学生，关注个体差异，鼓励全体学生充分参与学习，形成相互激励、教学相长的师生关系，赢得学生的信任和尊敬。

（2）创业教育专业理论水平

创业教育专业理论水平主要表现在教学方案的设计与实施，应能依据创业教育的基本要求确定教学目标，积极利用现代教育技术，选择利用校内外学习资源设计教学方案，使之适合于学生的经验、兴趣、知识水平、理解能力和其他能力。

（3）创业教育实践指导水平

善于与学生共同创造学习环境，为学生提供讨论、质疑、探究、合作、交流的机会，引导学生创新与实践；积极、主动与学生、同事、学校领导进行交流和沟通，能对自己的教育观念、教学行为进行反思并制订改进计划，求真务实，勇于创新，严谨自律，热爱学习。

（4）社会服务能力

积极参与创业教育理论成果的转化，创业教育指导过程中，能够主持或参与创业教育相关课题的研究，能够参加与创业教育相关的协会并交流创业教育经验等。

（5）创业教育师资教学特色

积极进行大学生创业教育教学方法的改革尝试，能够进行有特色的教学活动，是否能够在大学生创业教育中提出新的思路和教学方法，都属于创业教育的教学特色。

5. 多元化的评价方法

（1）多主体评价

一是学生评价。学生对教师的教育教学活动以及师生交往等有着直接的感受和判断，主要有座谈、访谈、调查问卷、评价量表等形式，学生评价在创业教师评价中的比重大概占40％。

二是督导评价。督导评价是重要的学习和交流机会，被评教师可从督导评价中获得大量有价值的信息和经验，对于引进教育教学和促进自身专业发展都非常有益，督导评价在创业教师评价中的比重占40％。

三是教师自我评价可采用调查问卷、教学后记、自评量表、自我总结等方法进行，自我评价在创业教师评价中的比重占10％。

四是领导评价。学校成立教师评价领导小组，通过评价量表、交换意见、撰写评语等方式对教师分阶段实施评价，领导评价在创业教师评价中的比重占10％。

根据在评价实践中的现象，同事评价可以忽略不计，但是同事之间可以进行一些教研活动，在教学方法、课堂的管理、创业教育实践活动的设计和指导方面，大家可以互相交流经验，学习彼此较好的做法。

（2）高校创业教育师资自我纵向评价

这种评价方式主要是创业教育教师个人的创业教育教学提高和成长的记录体现。创业教育教师要根据自己的工作计划、工作总结、典型教学设计、教学案例分析、教学反思、多主体评价记录、教学实绩、获奖证书、科研成果、发表论文等相关资料来评价自己的绩效水平。这样可使创业教育教师比较全面地了解自己的发展过程与发展状况，同时还可以通过这种评价体系，让教师在回顾、交流与反思的过程中，感受自己的成长与进步。

（3）大学生创业教育师资教育特色评价

大学生创业教育有其不同于普通专业课的教学活动，所以创业教育如何进行教学改革实践，如何能够达到更好的创业教育效果，是否能够体现出创业教育的特色，这也是大学生创业教育师资评价中需要体现出的重要一方面。例如，如何将课堂和创业实践有效地融合，如何更有效、更有特色地开展大学生创业教育活动，如何将专业的教学软件和项目教学的方法相结合，这些都是创业教育的特色。

（4）评价方法以定性分析为主

由于创业教育中的很多工作是不容易量化的，所以在设计评价方法的时候，如果按照其他专业课的方式来设定，可能会出现一些问题。例如，当创业教育教师指导学生参赛或者指导学生进行创业实践，他的时间和劳动量的付出是不固定的，这就需要校方能够灵活处理。为了实现改进和发展的目的，评价方法以定性分析为主。

综上所述，高校创业教育师资评价体系的构建关系到创业教育师资积极性和主动性，是关系到创业教育发展的关键因素。需要高教委、高校各部门及广大教师在教学实践中不断地探索，不断地总结经验。根据创业教育的特点，充分调动教师的主观能动性，建立激励机制，使教师能够充分认识到学校对自己的信任、关怀和期待，能够理性地反思自己的不足，进而通过学习和实践不断加速自己的专业化进程，形成具有大学生创业教育特有的师资评价体系，从而为高校大学生创业教育的发展提供有力的支持和动力。

第二节　创新创业教育课程与教学系统存在的问题分析

高等教育正迎来重大的挑战，加强教学改革，提升内涵发展成为当前高校转型发展的一致方向，地方高校更有其独特的实际情况，如何在现有专业的情况下发挥出地方高校的优势，积极为地方经济服务，同时结合实际做好大学生创新创业教育是地方高校面临的一大课题。

一、课程推进式创业教育

课程建设一直是高等学校教学建设的重要环节，课程建设也是实现高端人才质量培养的重要载体，是大学教育的根本。因此，课程推进型是创业教育与专业教育结合最基本的形式。

（一）课程类型

课程是指学校学生所应学习的学科总和及其进程与安排。广义的课程是指学校为实现培养目标而选择的教育内容及其进程的总和，它包括学校老师所教授的各门学科和有目的、有计划的教育活动。狭义的课程是指某一门学科。当课程被认识为知识并付诸实践时，具有以下特点：课程体系是以某一专业为目标，以知识递进式的逻辑关系精心组织的课程群或课程族；课程是社会经济的发展需求，同时也体现社会意志的选择；课程一般来讲是既定的、先验的、静态的，在一定时期内相对稳定，但课程的内容随着教师的课堂教学不断吸收新的内容；课程是外在于学习者的，并且是学习者"被课程"化。

课程是联系教与学的最基本而不可或缺的环节。在目前的教育理念和教育逻辑框架下，课程成为贯彻教学过程始终的知识载体。课程的总体设计、课程的逻辑安排、课程的量度与精度、课程实施的时机与方式、课程之间的联系与衔接等都关乎着教育目标的实现，同时也是对学校进行管理与评价的重要标准之一。

在西方，课程谱系发展较为明晰，大致有三种代表性的课程谱系，即职能

课程谱系、理性课程谱系和经验课程谱系气

1. "职能课程"谱系

"职能课程"谱系强调课程的功用，从一开始就为课程打上了功利主义的色彩。近代以来，随着科学技术的萌芽和发展，"职能课程"支系的功利化色彩得到了进一步加强。课程就是那些对于生活在当代社会来说最有用的科目，构成课程的这些科目往往是根据当今主要社会问题而选择出来的。"职能课程"谱系以课程服务于个人的未来社会生活为最高的价值追求，有着悠久的传统和持久的影响力。它鼓励学习者个体要适应社会生活，特别是根据未来社会生活的需要而掌握相关的生存和发展的知识技能，在一定程度上反映了课程的社会本质。

2. "理性课程"谱系

理性是人类社会长期追求的目标，尤其是近代以来它成了人类文化的基本特质。"理性课程"谱系所代表的课程理念就是：坚持把理性作为人类认识的根本，强调知识及文化传统对未来一代发展的重要意义，认为知识具有无可取代的价值和教育意义。基于这种理念，"理性课程"支系在现代社会仍然是各国在制定课程政策时所遵循的重要理论旨趣和价值导向。例如，目前世界上绝大多数以国家课程的形式规定未来一代必须掌握的知识和技能，并认为这些知识和技能对于未来公民具有举足轻重的价值。

3. "经验课程"谱系

"经验课程"谱系有着与"职能课程"谱系一样的悠久传统。因为课程起源于日常生活和生产劳动，在文字和正规学校出现之前，课程显然需要以活动和劳动作为依托，传递当时的种族经验。因此，经验课程最能体现人类生活和教育的本质状态。"经验课程"以追问和体现人存在的本质作为根本的诉求，成为千百年来表达人的主体价值和张扬人性的最基本的课程形式。学校的课程应该是活动性、经验性的主动作业。"经验课程"是通过有组织地重建知识而得到系统阐述的有计划、有指导的学习经验预期的结果，在学校帮助下，推动学习者个人的社会能力不断地有目的地向前发展，后来进一步概括为，课程即每位学习者在学校教育的下而获得的全部经验。

基于以上的课程基本逻辑，创业教育的开展首先要开发自己的课程，并构建创业教育的课程体系。根据目前的社会经济发展，创业教育的课程体系应该以理性课程谱系为基点，强化职能型课程功能，吸收经验型课程成果。只有这样，在创业教育与专业教育的结合上才能实现新的突破，因为现有的专业课程体系基本具有鲜明理性课程谱系的性质。

（二）课程设计

1. 课程设计需要考虑的基本维度

专业教育已经发展了千余年，课程结构、课程体系已相对稳定而成熟。在创业教育与专业教育的结合中，课程设计必须保持专业课程体系的完整性、促进专业课教学目标实现、适合专业教师接受心理限度、满足学生新的需求等，基于这种情况，在课程设计方面要重点考虑市场跟进维度、知识发展逻辑维度、相关学科衔接维度、教学对象需求维度和教师知识结构匹配维度等因素。

（1）市场跟进维度

市场跟进维度是指每一门专业课程在保持知识逻辑体系的传递基础上，对现有的市场运用的程度、运用的重点、运用的频度、对市场的适应度等。任何知识都必须是社会实践的产物，只有在社会实践中才能发现问题，解决问题，更新知识。在市场经济条件下，市场在一定时期内是知识价值的试金石，尽管这种效用具有很强的暂时性和功用性，但必须承认在当下特定时期确实是一个重要的、实用的、社会公认的考察指标。创业教育的逻辑线路是"知识——产品——产业——行业"等，就是把学到的专业知识变成实实在在的产品，甚至催生一个新的产业，进而推动社会需求与社会进步。市场跟进维度不是对市场的简单适应，而是把专业知识与市场知识在需求的基础上深度融合，灵活匹配，相互促进。具体来说就是在宏观掌控的供应商、客户、竞争或替代产品，以及市场变化趋势与技术进化路线的匹配性等情况下，对专业知识的综合运用。以涂料技术的发展为例，涂料是一种可借特定的施工方法涂覆在物体表面上，经固化形成连续性涂膜的材料，通过它可以对被涂物体进行保护、装饰和其他特殊的作用。涂料由成膜物质、颜料、填料、溶剂、助剂等组成。从涂料技术的发展来看，在经历了油脂涂料、天然树脂涂料和合成树脂涂料等发展过程后，目前世界涂料行业已经进入成熟期。涂料技术发展的基本路径和现实进展，要求材料学科课程必须加大市场跟进力度，以真正反映该学科的市场跟进维度。

（2）知识发展逻辑维度

知识发展的逻辑维度是指知识本身生成、演进的逻辑规律，专业知识除了遵循一般的知识演进规律外，还有行业背景、专业成熟度、专业人士交际圈、专业的社会地位等因素的影响。简单来讲，知识发展的逻辑维度是按照知识发展的规律，把基础理论知识（普遍性）与实际问题（特殊性）相结合，做出描述、解释或论证。知识发展的逻辑决定了课程设计的科学性问题，任何课程设计都必须高度重视。在创业教育与专业教学的结合时，要以专业知识发展逻辑规律为主体，附之以创业基本知识。从根本上来讲二者的目标是一致的。李静海院士强调，要重视超前研究学科发展演化规律。在尊重学科发展演变延续性的基础上，强调学科发展的前瞻性，通过揭示学科发展的内在规律和文化特征，明确学科发展的方向和趋势，瞄准前沿，提前部署，提升学科顶层设计、战略谋划的能力，做好学科发展统筹规划，促进形成更为科学合理的学科布局，构建与创新型国家相适应的学科发展体系，有效促进学科的快速发展。

一项专业知识的发展更新，必须有两个条件，其一是专业知识发展的本身逻辑的科学性；其二是这一专业知识是否经得起现实或实验的检验，即一项好的专业知识或专业技术必须经得起市场的检验。知识发展的前沿性，致使知识发展逻辑与市场发展逻辑在某些方面是不同步的，但经得起市场检验的专业知识或专业技能是绝对过关的。创业教育实质上是专业教育市场化的延伸或拓展。创业教育就是加快专业知识市场化进程。从这一层面上来讲，开展专业教育与创业教育的融合，不会像有的人担心的那样冲击了专业教学，或削弱了专业教学，反而促进了专业教育。

（3）相关学科衔接维度

随着科学技术的发展，学科之间的分化在加剧的同时，学科间的联系也在加强，即双加强趋势。在解决科技发展前沿问题及影响国家经济进步、社会可持续发展的重大问题过程中，相关学科的各类资源会以多种方式实现有机整合，在逐步交叉、渗透与集成的基础上，产生新的生长点，萌芽新学科。相关学科的交叉融合，能够进一步促进原始创新和集成创新，从而获得更多的科学发现和重大的技术发明，形成更具竞争力的产品和产业，由此不断提高自主创新能力。创业教育融入专业教育在某种程度上也是学科交叉，但更大程度上我们要追求的是学科融合。由于创业教育的学科是一个典型综合的、交叉型学科，它涉及经济学、管理学、会计学、法学、社会学等相关知识。因此，必须系统、深入地分析和研究现有学科的知识体系，明晰相关学科之间的关系，强化专业知识与创业知识的研究和积累，确定专业学科与创业学科之间的联系环节、联系途径、切入方式、彼此知识表达重点与难点的契合度等，使专业教学面向市场与生产实际，重新构建面向市场的专业学科体系，从而推进专业教育的学科理性发展和变革。

（4）教学对象需求维度

大学专业教育与创业教育的主体是大学生。专业教学已经有一套相对成熟的体系与模式，而对创业教育来讲还是一个新的课题。实现专业教育与创业教育结合首先要尊重教学对象——学生，尤其是学生的需求和选择权。学生对教育的需求和兴趣点，是我们应该坚定不移开展研究和探索的对象。

由于大学生在中学阶段及以前，对社会生活、企业、商业知之甚少，很多学生对社会的了解，是在大学期间通过社会实践活动和相关的社团活动获得的。因此，大学生创业教育也要依据学生的知识存量情况分层开展。按照我国目前高等教育是以"基础课——专业基础课——专业课"逻辑递进规律进行课程安排，低年级对专业知识了解不多，在创业教育方面基本不涉及专业，通常以一般的商业、营销、会计、管理等企业知识的介绍为主。到了高年级，随着基础课、专业基础课和专业课的学习，对专业知识有了基本清晰的认识和理解，要紧扣专业知识，结合专业知识研究市场需要，开展专业技术市场预测，潜在需求诊断预测与开发机遇把握，学习运用资本市场推进专业开发、技术进步的能力，学习产品、产品市场附加值开发、知识产权的保护与资本运作等。

（5）教师知识结构匹配维度

所谓合理的知识结构，就是既有精深的专门知识，又有广博的知识面，具有事业发展实际需要的最合理、最优化的知识体系。建立起合理的知识结构，培养科学的思维方式，提高自己的实用技能，以适应将来在社会上从事职业岗位的要求。知识结构是指一个人经过专门学习、培训后所拥有的知识体系的构成情况与结合方式。合理的知识结构是教师完成教学任务的必要条件。现代社会的职业岗位，需要的是知识结构合理、能根据当今社会发展和职业的具体要求，将自己所学到的各类知识，科学地组合起来，适应社会要求的人才。目前我国教师的知识结构基本都是宝塔形的，即包括基本理论基础知识、专业基础知识、专业知识、学科知识、学科前沿知识构成。基本理论、基本知识为宝塔形底部，学科前沿知识为高峰塔顶。这种知识结构强调基本理论、基础知识的宽厚扎实，专业知识的精深，容易把所具备的知识集中于主攻目标上，有利于迅速接通学科前沿。但其致命的弱点是限制了知识迁移能力。换句话说，由于知识结构的行业或专业的限定，跨行业、跨学科的思维能力、知识运用受到忽视。尤其是过分强调文理学科的差异，忽略了文理学科的联系，致使学生理性思维发达，而形象思维不足。作为理工科专业教学的教师，做学问除了要提高自己的专业素质外，还要加强文学和艺术修养来提高文化素质。文理相通，一个有较高文化素质的人思路就比较开阔，能高瞻远瞩，富于联想、触类旁通。创新理念不是来自逻辑思维，它是源于形象思维，而形象思维能力的大小取决于一个人的文化素质高低。专业教育与创业教育课程融合，除了专业教师的有很高专业素质外，还必须具有一些创业学科如市场开拓、经济管理等知识。因此专业教师树立创业意识、学习创业知识成为课程融合的必须要求。事实上，在我们的现实生活中已有不少专业教师及依托自己的专业优势或科研优势开展创业或准创业的活动。

2. 课程设计的内容

（1）基础课程设计

在普通高等学校开展创业教育，是服务国家、加快转变经济发展方式、建设创新型国家和人力资源强国的战略举措，是深化高等教育教学改革、提高人才培养质量、促进大学生全面发展的重要途径，是落实以创业带动就业、促进高校毕业生充分就业的重要措施。创业教育要坚持"面向全体、注重引导、分类施教、结合专业、强化实践"的原则，以教授创业知识为基础，以锻炼创业能力为关键，以培养创业精神为核心，使学生掌握创业的基础知识和基本理论，熟悉创业的基本流程和基本方法，了解创业的法律法规和相关政策，激发学生的创业意识，提高学生的社会责任感、创新精神和创业能力。遵循教育教学规律和人才成长规律，以课堂教学为主渠道，以课外活动、社会实践为重要途径，充分利用现代信息技术，创新教育教学方法，努力提高创业教育教学质量和水平。

创业基础一般分为三个知识板块即创业精神、创业知识和创业实务。涵盖创业精神与人生、创业者与创业团队、创业机会与创业风险、创业资源、创业计划与新企业开办等内容。

（2）交叉课程设计

交叉课程是指在某一专业中，根据市场的成熟度，选择1～2门与市场关联度较高的专业课程或专业基础课程，以市场为导向，以创业机会分析为切入点，在专业课程中融入创业管理的知识，形成的新课程。交叉课程一般是以所在专业的通用知识为基础，结合目前市场应用频度高、市场需求旺盛的专业技术，甚至是市场前沿最新技术，根据创业管理的一般原理，结合创业所必需的市场知识、管理知识、财务知识、法律知识等，形成的知识体系。目前河南科技大学已经开发出创业伦理学、创业管理学、创业经济学、创业法学、创业与人生设计、创业成功学、创业资源、网络创业、创业实务、园艺创业指导、园林创业指导等课程。

（3）四大模块的融合式新课程设计

新课程的设计与开发旨在以创业创新的理念为指导，以市场为导向，融创业与专业课程中的基本设想而开展的。基本要求创业与创新的理念渗透课程的全过程，并统领课程的发展进程。把原来的专业课程，分为基础知识模块、前沿知识模块、市场需求与适应性模块，以及实务操作模块四个部分进行讲授。

①基础知识模块

基础知识模块是保持专业课原设定教学目标完成的基本环节，在课程占50%～60%的分量，是一门专业课程按照原来的教学大纲中要求的知识点都涵盖其中，以确保这门课的知识在本专业中对其他课程知识的有效供给，保证该课程与本专业其他课程实现必要的、顺畅的衔接。

②前沿知识模块

前沿知识模块是指该门专业课程在发展和演进的最前沿、最先进、最新的知识，在课程总分量中占 10％～15％。这部分知识是确保专业课程自身发展的活力所在，是该门课程教学中最难把握但必须让学生了解的环节。一般来讲，专业课程教学中都涵盖这些内容，具体实施是按照每一部分知识的逻辑进展加以分述。我们强调和设计的前沿知识模块与此不同的是，在相关部分或大类的前提下综述新知识的产生、发展，以及与相邻知识的关系，尤其是这些新知识之间协同发展的关系及其前景预测。

③实务操作模块

实务操作模块是指专业课程中的知识，在生产实践或社会实践中具有实际操作性或实验验证的知识，这部分知识一般占课程分量的 15％～20％。实务操作模块是连接理论与实际的中介，是培养学生动手能力的重要环节，是克服高分低能的基本途径，同时也是理论验证的知识发展与评价的基本方法。这部分知识设计一方面应面向生产实践，强调专业知识的实践应用性，另一方面要面向知识生成原理，作为发现知识、创新知识高端发展的重要途径。

④市场需求及适应性模块

市场需求及适应性模块是面向市场与现实或潜在需求的知识模块设计。这部分知识分量占 10％～15％。市场需求及适应性模块主要面向当前生产实践中应用频度高，并且经常遇到一些理论上未曾描述的问题。

二、专业实践式创业教育

专业实践是每一个专业教育必须经历的，旨在强化专业意识、熟悉专业环境、锻炼专业技能的一个必不可少的教学环节。专业实践一般分为课程专业实践和综合专业实践两个方面。课程专业实践是专业课教学的一个基本环节，主要是通过与课程内容相关的实践实习，让学生熟悉专业课的基本要求、专业知识运用的基本场景和条件，加强专业课程与实践环节联系，为运用专业课理论知识解决生产实践中的具体问题奠定基础。

综合专业实践是基于整个专业培养目标而组织实施的专业实践。这类专业实践与课程专业实践相比，具有更大的系统性和综合性。通常的组织方式是依托某一专业对口的单位或多个专业性岗位让学生直接参与专业性的生产、开发等实际流程，使学生对整个专业培养目标有一个基本的、概略性的认识，使学生能够站在专业培养目标的高度思考、解决生产实践中的具体问题，而不是就事论事、碎片化解决问题。在实际上，学生在进行综合性的专业实践中除了医学类专业时间较长，一般至少一年以上，可以尽可能在多个岗位上，学习、体验不同科目的实践，大多数专业的专业实践仅限于专业体系中的很少一部分，不可能使学生对整个专业都有全面的实践条件和机会。但通过某一或几方面的专业实践，可使学生达到触类旁通，运用专业思维推及其他的一种专业思维训练和专业实践训练。

专业实践式的创业融合是指学生在校期间就围绕专业领域选择一个突破点开始创业实践。这种创业使学生在专业学习期间就能够把自己所学的专业知识在创业实践中运用、检验或发展，有助于学生对专业知识的理解与掌握，有助于专业思想的稳定和专业兴趣的培养和巩固，尤其培养献身专业的敬业精神和职业精神，有助于学生从专业甚至行业发展的大背景下更深刻地理解所学专业及专业知识的实际运用。专业实践式的创业融合能够利用学校专业教师的资源，聘请专业教师作为创业的技术顾问，可以及时地解决创业中遇到的专业方面（无论是已学过还是没学过）的问题，从而少走弯路，降低创业成本。专业实践式的创业融合一般是对具有一定的专业知识的学生来讲比较可行。鉴于我国高校的教学体系的安排，学生头两年多是一些基础课或公共课程，专业课程仅到大二下学期、大三上学期才可能涉及，而大三以后考研、就业、毕业设计或论文等这些大学生活中至关重要的环节同时提上议事日程，都将影响在校创业进程。

(一) 专业实践式创业教育与一般的专业教育的比较

专业实践式创业教育与一般的专业教育既有联系又不尽相同，联系主要体现在专业知识为主体，不同之处主要体现在以下三方面。

1. 专业实践性

专业实践式创业教育强调在专业实践中学习，在实际操作中培养和锻炼创新创业能力。专业实践式创业教育坚持实践第一，教、学、做相结合的原则，要求大学生走出课本，走出课堂，走出学校，贴近专业，贴近社会，贴近现实。拓宽渠道，让学生尽早介入产、学、研活动，从而使学生的创新创业能力得到提高，让学生尽早地参与创业活动的初级阶段，增强创业的感性认识，提升创业创新能力。

2. 系统性

专业实践式创业教育是一个集激发学生创新创业意识、挖掘创新创业能力、培养创业创新人才的系统培养程序。这一程序有其自身依托的理论支撑体系、应用平台体系、保障体系及评价体系等配套体系，构成相对完善的动态理论体系，其大致由三个模块构成：其一，创新创业意识启发及定位模块，致力于通过个人职业性格分析、启蒙创新创业意识，找准自身发展定位，设计个人创业发展规划；其二，创新创业能力培养模块，致力于通过课程设置和实践教学，尤其是专业知识的实践，使学生掌握创新创业的相关技能和技巧；其三，创新创业职业拓展模块，致力于建立和拓宽创新创业的实践平台，为大学生提供创新创业实践的机会和服务，促使他们把职业技能的拓展融入创新创业实践之中，为将来就业、创业提供终生职业能力。

3. 专业成果转化

传统教育模式下，学生被过分地强调对书本的理解和掌握，从而造成学生对社会经济发展与就业需求关注不够。专业实践式创业教育强调创业教育与专业教育相结合，重视在专业实践中融入创业教育，尤其是以创业教育为导向，寻求市场机会，提高专业知识或专业产品的市场竞争力，从而提高专业成果转化的效能。创新创业教育不能仅靠课堂教学区实现，专业实践式创业教育将大学教育与科学研究、创业发展紧密结合起来，实现产、学、研的一体化，依托企业、基金组织等各类社会资源，尽量规避创业风险，提高专业成果的转化率。

（二）专业实践式创业教育的实施方式

到目前为止，专业实践是创业教育，是大家公认的，是有志于创业的学生、社会创业人士、创业导师、专业教师、学校管理层等各方面都能认可和接受的创业教育形式。各高校根据自身的优势与资源从不同方面、不同角度不断完善和丰富了专业实践式创业教育实践，一般来讲，专业实践式创业教育的实施方式有创业实习基地、创业社团实践、创业岗位实践和大学科技园（创业园）等。

1. 创业实习基地

创业实习基地是学校组织大学生结合所学专业在实践中把所学知识运用于实际工作中，已全面提高创业素质。实习时间一般安排一个月到半年，在基地指导老师和学校指导老师的具体指导下，促使大学生把所学专业理论应用于实践，把书本知识和实际工作结合起来，逐渐内化为自己的真实本领，形成自己将来创业的基本技能。学生通过专业性的创业实习，提升专业能力，拓展创业视野。

2. 专业创业社团实践

学生社团是指学生为了实现会员的共同意愿和满足个人兴趣爱好的需求，自愿组成的，按照其章程开展活动的群众性学生组织。学生社团是依据社团章程，结合学生自身兴趣，在全校范围内招募组成的学生组织。这种学生组织打破了传统意义上学院界限、专业界限、班级界限，形成一个全新的组织。学生社团的基本任务是适应社会发展需要，适应教育改革及学生成长成才的需要，积极开展健康有益、丰富多彩的课外科技文化艺术活动，促进学生全面发展。专业创业社团是社团的一种组织形式，与一般的学生社团不同的是，专业创业旨在强调专业和创业，也就是这种社团基本上是以具备某种专业知识和学科背景或对某一专业知识有兴趣的学生参加的学生社团。这些社团的学生在一定程度上具有创业意愿，愿意在社团中学习实践与创业相关的知识和能力。在有些情况下，为了弥补单一专业知识难以应对创业的实际，有的专业创业社团有意识地吸收一些跨学科的学生。如管理学、市场营销、会计学、法学等学生参加进来，有的专业创业社团在开展项目运作时实行跨社团合作，邀请工科类专业社团或社科类社团合作，共同完成专业项目创业运作。目前各高校专业创业社团比例逐渐上升，学生社团结构已经改变了过去艺术性的、素质性社团居多的发展局面。

3. 创业与职业岗位实践

创业与职业岗位实践是指为大学生创设实践岗位的校内外活动场所，通过岗位实践，可以开阔视野、发挥专业技能、提高创业能力。创业与职业岗位实践能增强学生的创业自信心，培养大学生的社会责任感、社会使命感，从而培养大学生的独立性、坚韧性、自觉性和自制性等良好的创业品质。大多数学生通过创业岗位实践，提高了专业知识运用能力，提高了就业与创业能力，熟悉了职业尤其是岗位的基本要求，为顺利就业打下了坚实基础。

4. 大学科技创业园

大学科技创业园是指学校或地方为大学生自主创业的专门活动场所，又称"孵化器"。通过提供基本的商务服务、中介增值服务和资本运作服务等营造良好的创业环境，来吸引高校中具有技术创新能力和科研成果的师生来开拓创业。大学科技园在某种意义上是由高校科技人才创业的孵化器。其高新技术产业和转化的科技成果大多数与高校密切相关。产业园中的企业有相当二部分是由高校教师、科技人员创办。企业很多项目是高校教师、科技人员发明转化的科研成果，高校在企业中享有股权。大学创业孵化器基本上都是依托大学科技园发展的。

大学科技园是创业教育资源的整合平台，有效地整合学校、企业和社会的各种资源，建立和完善系统的创业教育培养体系。课程教学是创业教育的基础理论平台，大学科技园的创业案例为开展教学提供了丰富的素材，可与理论课形成互补，充实教学内容。大学科技园是创业观念与文化的建构平台，是创业教育的重要实践平台，是创业教育信息网络平台。创业需要资本、技术，更需要信息。但创业初期，个人与企业都无法像成熟企业那样设立专门的战略研究部门来搜集和分析商业信息，大学科技园及孵化器以互联网为载体建立公共信息服务平台，既能满足在孵企业对信息的需求，还可以借助这一平台实施虚拟孵化，提供多种形式的服务。它将各创业企业与创业者积聚在一起，从而能充分发挥集群效应。

第三节 创新创业教育支持环境存在的问题分析

项目参与式是指以项目为载体，学生开展本专业的科学研究或者参与教师的科研项目获取专业实践经验，体验市场变化。项目参与式有两种形式，即学生项目参与式与教师项目参与式。学生项目参与式是学生根据学校发布的项目指南或根据自己兴趣选择项目，学校或社会资助项目，学生邀请老师指导项目。项目指导老师分为专业教师和创业导师两类，学生可根据自己对项目把握的情况选择一个或两个导师，全程指导项目。教师项目参与式，是学生参与专业教师承担的国家、地方及行业的科研项目。项目参与式的实施一般通过学生和教师双向选择。

一、学生项目参与式

学生项目参与式，与学生的一般活动不同，也与教师项目参与式不同，是一种区别于课堂教学的学习方式。学生项目参与式中，学生拥有高度的自主权，全权组织项目的实施工作。项目根据需要可选聘两位指导教师，即一位专业教师，主要解决项目设计的科学性，要涵盖一定的专业知识和专业水准，以及项目运行过程中的专业方面的难点和难题。创业导师，一般由企业家或具有一定的管理、市场等知识的从事创业教育的教师担任，这些导师主要是对项目设计的市场需求分析、可行性研究、项目内容市场化的技巧及管理等问题进行把关、提出建议。项目参与式是一种网络化、立体化的学习方式。

项目参与式是一种实践中的"团队学习模式"，以"干中学"的方式让学生充分发挥自主潜能，在动态中学习，全面提高知识运用、创新的能力。当团队真正在学习的时候，不仅团队整体产生出色成果，个别成员成长的速度也比其他的学习方式更快。通过项目参与式，老师与学生都发生了角色转换，老师成为建议者、激励者和协助者，学生由过去被动的倾听者、跟随者、配角、课程的受众，转换成集计划者、执行者、决策者为一体的复合角色共同体，在参与过程中，学生与老师平等地交换意见、共同思考、主动融入、信息共享，从而激发学生的创业创新热情，培养创新创业能力，丰富学习过程，促进了专业学习，同时也体验了创新与创业的风险。项目参与式中，学生除了提高专业科研能力外，项目的组织管理能力、协调合作能力、对外交流交际能力、团队建设与领导能力等得到全面的锻炼和提高。

知识一般分为两类：显性知识和隐性知识。显性知识是通过书面文字、图表和数学公式甚至口头等表达出来的知识。隐性知识是相对显性知识而言，缺少表达的载体，或者无法表达的、只能意会而不能言传的知识。显性知识可以通过接受而获得，隐性知识是通过个体对外部世界的感知和理解、体验与领悟获得。以此来看，专业教育多数属于显性知识的传播，而创业教育是显性知识与隐性知识的双重、多维传播。项目参与使学生有很多机会针对一些具体问题和同学、教师讨论。个人的隐性知识是项目组内部创新的基础，项目组的基本功能在于为个人的创新提供环境和条件，使得基于个体的隐性知识流动起来，并通过学生与学生之间、学生与教师之间和教师与教师之间的交流产生互动作用，在项目组内部得以扩散、增强，加快创新的进程。

二、教师项目参与式

教师项目参与式是学生直接参与教师的科研项目，更多地接触项目导师，受到老师指导频度高。

教师科研项目多是本专业前沿性、创新性的项目，具有更高的专业平台。现在高校已成为创新型国家建设的主要力量。学生参与教师科研项目，在教师那里能够了解专业前沿重大难题和生产实践中所存在的技术难题，能够跳出书本，走出课堂，俯察专业教育，形成对专业教学的立体视野，形成真正意义上的、立体的专业人才。同时，学生在参与教师的科研项目过程中学到很多课堂上、书本上学不到实践经验，通过科研实践提升创新思维，增强动手能力，学习组织管理及策划能力，为发现专业创业机会提供坚实基础，尤其是市场和实践基础。以机械产品开发的横向合作项目为例，学生参与教师项目不是阶段参与，而是全程参与；不是局部参与，而是整体参与。从项目选择的理论分析、市场论证、方案拟订、模型建立、参数优化、强度计算、结构设计、图纸绘制、材料筛选，零部件加工装配，到实验室试验和现场试验的全过程。只有通过全程参与教师科研，才能是真正意义上的研究学习。

三、项目参与式运行过程中的问题

（一）项目出口问题

项目参与式是一种区别于课堂教学的学习方式，也是区别于一般科学研究的学习方式。课堂教学方式不同的地方上面已经讨论过，在此重点讨论项目参与式与一般科学研究的不同之处。项目参与式是大学生创业教育融入专业教育的有效形式，但这种方式能否持续发展下去，关键在于项目的出口，尤其是学生项目参与式。学生项目参与式的最终成果能否得到市场认可或吸引到风险资金，项目选择至关重要。

第一，项目选择着重于应用性。一般的科学研究可以是应用性的，也可以是基础性的，尤其是高校的科学研究应该偏重于基础性研究，而企业的科学研究中，基于生产实践中问题的应用性研究居多。应用性研究贴近市场、贴近生产，容易激发学生从事科学研究的兴趣，尤其是产生一定的市场效益后，对学生的终生职业定位都将有较大影响。学生由于专业知识的储量不足，在项目选择时，为让学生能确实参与到教师科研活动中，并便于指导，尽量选择在原理研究上比较成熟的应用项目让学生参与，以成果转化的横向项目或者科技开发项目为最佳，这样更贴近学生将来的工作实际，更有利于学生参与。

第二，项目选择路径相对容易。学生项目参与式中，项目选择一般有两个来源，一个是学生自己根据一些专业知识和市场需求选择的项目；另一个是根据专业老师的建议或者直接来自于专业老师科研项目的分支项目。根据本研究调查所掌握的情况，在第一种情况中，由于学生对专业发展缺乏全面的认识，对市场发展动态掌握不够全面，所选项目新颖度高，但操作性不强，往往难以达到预期效果；后一种情况成功率比前一种成功率高，但也存在市场转化率低的问题。有一些学校从企业生产实践的难题中筛选出专业相对吻合的、难度不大的项目公布给学生，让学生在这些项目中选择自己感兴趣的、相对有把握的项目，市场效果很明显。

第三，搭建平台，积极输出项目。现在很多学校都在拨出大量资金，少则十几万，多则几十万甚至上百万，积极支持学生开展科学研究。这些研究多数沿用了对教师科研的管理方式，重支持研发，轻市场推广；重创新，轻创业。很多研究仅限于研究，没有推向市场，或者根本就没有市场。在项目结题时，多数只有发表论文之类的硬性要求，而对市场推广情况缺乏明确的规定。因此，在项目参与式中，学校一方面要完善项目结题的市场化评级标准和评价机制，另一方面要积极搭建平台，如与企业联合支持、召开新闻发布会等，把学生研究项目积极推向市场。

（二）师资要求问题

项目参与式过程能否顺利进行，指导教师至关重要，这对指导教师提出了更高的要求。一方面要求指导教师拥有扎实的专业理论功底、较好的科研能力和学科前沿的把握能力；另一方面还要求指导教师熟悉市场行情的瞬息万变，对市场发展的基本走势进行预测。对学校专业教师来说，前一项的要求基本都能达到，差别在于他们对市场的把握程度各有所长。但是不得不正视这样一个现实，即高校科研成果的市场转化率太低。究其原因，高校教师对市场运行基本规律的把握和了解与真实的市场运行还有一定距离。

没有创业经历的专业教师难以承担项目，而创业的基本标准是技术（产品或服务）必须要有一定的、现实的市场需求，否则创业未成就胎死腹中。这也是在操作中，一些学校实现双导师制即聘请企业家或企业技术人员担任导师的缘故，通过双导师制来弥补高校教师市场经验的不足。因此，项目参与式作为一种创业教育与专业教育的结合对专业教育既是挑战，又是考验，与一般的常规教学和一般的基础科研相比，对专业教师提出了更高要求。

（三）政策匹配问题

项目参与式的创业教育与专业教育的融合，在对教师和学生提出高要求的同时，对内外环境也提出了相应的高要求。在现实中，一方面学生的个人项目研究必须有相应的经费、设备、场所等要求。目前绝大多数学校都开辟了大学生研究训练计划、创业基金等，仅此还远远不够，除了资金支持以外，在学习管理、学籍管理、创业指导等方面的柔性服务政策有待进一步加强和深化；另一方面创业行为已不同过去单纯的学习行为，创业行为已经且必须走出校园，成为一种社会行为，除学校给予一定的政策、条件外，社会与政府也理应成为大学生创业教育的积极推动者，努力形成大学生创业教育的立体的、系统的扶持政策与模式。一些地区政府也专门设立创业基金专款，支持大学生研究项目的市场化运行。上海市、杭州市都有相应的政策助推大学生将研究项目转化成创业项目的系列政策。这些政策基本上重资金支持、场地扶持、税收优惠等，缺少具体的创业跟踪指导等柔性服务体系建设和相关的政策措施。因此，对大学生创业的柔性服务政策等成为今后一个时期重点要解决的问题。

从教师方面来看，国家已经出台了鼓励高校教师发挥科研优势、积极投入经济建设主战场的相关扶持政策。一方面由于这些政策的可操作性存在一些具体问题，一些具体的执行机构落实的积极性不高；另一方面，目前高校对教师的业务考核基本以教学和科研为主，并倚重科研，科研方面以项目、论文、著作为主，没有把创业教育与社会服务纳入考核体系，这种政策导向在一定程度上影响了专业教师参与创业教育和社会服务的积极性。这既有教育理念的问题，也有具体管理体制和管理方法问题。

（四）项目的知识产权界定问题

项目参与式创业融合过程中一个重要且棘手的问题是知识产权的界定。在一般合作研究中由于很少涉及利益问题，知识产权一般都不为参与者所重视。但基于创业的导向的专业性项目合作研究，在开始之初就必须对知识产权进行明确的界定或约定。学生项目参与中也要对项目产生的知识产权，参与主体的权益做大致的界定和约定，宜粗不宜细。教师项目参与式，应事先签署一个知识产权协议或保密协议，对项目研究中形成的知识产权的使用作以界定和约定，尤其是参与的学生在创业过程中涉及研究中的知识产权一般必须征得教师的同意或授权，在授权协议中对知识产权的使用内容、使用范围、使用期限、使用的方式等进行明确，以免发生一些不必要的纷争。另一方面，在参与研究中形成新的知识产权，尤其是学生做出突出或主导贡献的知识产权，也要有相关的约定，通过知识产权约定强化参与者的知识产权意识，学会运用法律手段保护各方利益，保障项目的顺利进行。

参考文献

[1] 何水，高向波．教育治理能力现代化：关键要素与推进路径［J］．现代教育管理，2021（04）：16－22．

[2] 陈瑞，苏莉莉．地方高校治理现代化的理念与路径［J］．百色学院学报，2021，34（03）：139－142．

[3] 李喆著．地方高校创新创业教育研究［M］．济南：山东人民出版社．2020．

[4] 张艳超著．"互联网＋"视阈下我国地方高校继续教育与企业教育融合发展研究［M］．沈阳：东北大学出版社．2020．

[5] 王以俭，廖晓飞著．地方文献与阅读推广［M］．北京：朝华出版社．2020．

[6] 朱建著．地方应用型大学变革研究［M］．上海：上海交通大学出版社．2020．

[7] 易露霞著．应用型民办高校校企合作探索与实践［M］．北京：北京理工大学出版社．2020．

[8] 刘海蓝著．地方本科院校人才培养模式的变革与转型［M］．北京：中国经济出版社．2020．

[9] 隋姗姗著．课程质量与网络教学［M］．上海：上海交通大学出版社．2020．

[10] 徐静波著．日本如何转型创新徐静波讲演录［M］．北京：华文出版社．2020．

[11] 王振龙，周宁波著．罗浮颂［M］．长春：吉林人民出版社．2020．

[12] 丁志华著．校地合作理论与实践［M］．燕山大学出版社．2020．

[13] 刘乃美．地方高校大学外语教师专业自主发展探究［M］．厦门：厦门大学出版社．2019．

[14] 廖晓玲等著．地方高校培优实验班的研究与经典案例［M］．北京：冶金工业出版社．2019．

[15] 李和平著．地方高校法学教育与教学实践模式研究［M］．长春：吉林人民出版社．2019．

[16] 王清远，杨明娜著．地方高校本科生拔尖创新人才培养机制的探索与实践［M］．成都：电子科技大学出版社．2019．

[17] 吴风奇著．基于内涵式发展的地方高校缓解经费短缺的实践和探索［M］．长春：吉林大学出版社．2019．

[18] 卜华白，阳玉香，陈东升著．转型发展背景下地方高校人才供给侧改革与创新研

究基于衡阳师范学院经济与管理学院人才培养实践 [M]. 长春：吉林大学出版社. 2019.

[19] 陶春元著. 地方新建本科高校的双重转型之路 [M]. 南开大学出版社. 2019.

[20] 侯宪春著. 地方文化在高校思想政治教育中的应用研究 [M]. 延吉：延边大学出版社. 2019.

[21] 王家忠. 光明社科文库改造我们的大学地方本科高校综合改革探论 [M]. 北京：光明日报出版社. 2019.

[22] 刘曙霞著. 地方应用型本科高校工商管理学科 "U－G－E" 协同育人的模式与运行机制研究 [M]. 北京：中国经济出版社. 2019.

[23] 储著斌著. 现代大学治理的地方高校实践研究 [M]. 成都：西南交通大学出版社. 2018.

[24] 邵林海著. 地方高校体育教师专业发展研究 [M]. 北京：冶金工业出版社. 2018.

[25] 朱宛霞著. 地方高校转型发展与教师角色认同的探索 [M]. 北京：中国商务出版社. 2018.

[26] 曹鸿飞著. 地方本科高校转型重塑的路径选择 [M]. 天津：天津科学技术出版社. 2018.

[27] 邵光华，晏成步，徐建平著. 地方本科高校转型发展研究 [M]. 杭州：浙江大学出版社. 2018.

[28] 刘印房著. 地方本科高校校企协同创新机制构建研究 [M]. 北京：科学技术文献出版社. 2018.

[29] 丁琰著. 地方应用型高校创新创业教育与实践研究 [M]. 延吉：延边大学出版社. 2018.

[30] 张振飞，范明英著. 应用型高校文化建设创新与实践 [M]. 北京：光明日报出版社. 2018.

[31] 陈雪玲，魏寅著. 高校管理案例与启示第 2 辑 [M]. 武汉：华中师范大学出版社. 2018.

[32] 疏利民著. 地方高师院校转型发展的实践探索 [M]. 合肥：合肥工业大学出版社. 2018.

[33] 钟秉林. 扎实推进世界一流大学和一流学科建设 [J]. 教育研究，2018，39 (10)：12－19.

[34] 盛欣，姜江. 协同治理视域下高等教育治理现代化探究 [J]. 当代教育论坛，2018（05)：68－74.

[35] 刘兵飞，郑文. "双一流" 建设：传统超越之思 [J]. 高教探索，2018 (12)：5－9.

[36] 别敦荣. 论 "双一流" 建设 [J]. 中国高教研究，2017 (11)：7－17.

［37］程广文．地方性大学：概念分析及其意义［J］．湖北社会科学，2017（04）：172－178．

［38］潘静．"双一流"建设的内涵与行动框架［J］．江苏高教，2016（05）：24－27．

［39］杨兴林．关于"双一流"建设的三个重要问题思考［J］．江苏高教，2016（02）：40－43＋48．

［40］童丰生，魏寒柏，张海峰．高等地方高校治理体系现代化的"三个转变"［J］．教育与职业，2016（05）：7－10．

［41］周建松，陈正江，吴国平．关于高等高校治理体系建设的思考［J］．教育与职业，2016（16）：29－31．

［42］孙绵涛．现代教育治理体系的概念、要素及结构探析［J］．教育研究与实验，2015（06）：52－56．

［43］杨清．区域教育治理体系现代化：内涵．原则与路径［J］．教育学术月刊，2015（10）：15－20．

［44］张应强．高等教育现代化的反思与建构［M］．哈尔滨：黑龙江教育出版社，2000：14．

［45］俞可平．推进国家治理体系和治理能力现代化［J］．前线，2014（01）：5－8．

［46］丁志刚．如何理解国家治理与国家治理体系［J］．学术界，2014（02）：65－72．

［47］辛向阳．推进国家治理体系和治理能力现代化的三个基本问题［J］．理论探讨，2014（02）：27－31．

［48］王嘉让．努力推进国家治理体系和治理能力现代化［N］．陕西日报，2013－11－19（005）．

［49］褚宏启．教育现代化的本质与评价——我们需要什么样的教育现代化［J］．教育研究，2013，34（11）：4－10．

［50］程广文．地方性大学：概念分析及其意义［J］．湖北社会科学，2017（04）：172－178．

［51］杨清．区域教育治理体系现代化：内涵、原则与路径［J］．教育学术月刊，2015（10）：15－20．

［52］俞可平．推进国家治理体系和治理能力现代化［J］．前线，2014（01）：5－8．

［53］王嘉让．努力推进国家治理体系和治理能力现代化［N］．陕西日报，2013－11－19（005）．

［54］丁志刚．如何理解国家治理与国家治理体系［J］．学术界，2014（02）：65－72．

［55］辛向阳．推进国家治理体系和治理能力现代化的三个基本问题［J］．理论探讨，2014（02）：27－31．

［56］赵茂程，程广文．大学文化认同：新建地方性本科高校特殊性［J］．扬州大学学报（高教研究版），2020，24（02）：1－8．

［57］马敏．现代化的"中国道路"——中国现代化历史进程的若干思考［J］．中国社会科学，2016（09）：28－40．

［58］褚宏启．教育现代化的本质与评价——我们需要什么样的教育现代化［J］．教育研究，2013，34（11）：4－10．

［59］孙绵涛．现代教育治理体系的概念、要素及结构探析［J］．教育研究与实验，2015（06）：52－56．

［60］张应强．高等教育现代化的反思与建构［M］．哈尔滨：黑龙江教育出版社，2000：14．

［61］钟秉林．扎实推进世界一流大学和一流学科建设［J］．教育研究，2018，39（10）：12－19．

［62］别敦荣．论"双一流"建设［J］．中国高教研究，2017（11）：7－17．

［63］刘兵飞，郑文．"双一流"建设：传统超越之思［J］．高教探索，2018（12）：5－9．

［64］潘静．"双一流"建设的内涵与行动框架［J］．江苏高教，2016（05）：24－27．

［65］杨兴林．关于"双一流"建设的三个重要问题思考［J］．江苏高教，2016（02）：40－43＋48．

［66］童丰生，魏寒柏，张海峰．高等地方高校治理体系现代化的"三个转变"［J］．教育与职业，2016（05）：7－10．

［67］何水，高向波．教育治理能力现代化：关键要素与推进路径［J］．现代教育管理，2021（04）：16－22．

［68］陈瑞，苏莉莉．地方高校治理现代化的理念与路径［J］．百色学院学报，2021，34（03）：139－142．

［69］盛欣，姜江．协同治理视域下高等教育治理现代化探究［J］．当代教育论坛，2018（05）：68－74．

［70］周建松，陈正江，吴国平．关于高等高校治理体系建设的思考［J］．教育与职业，2016（16）：29－31．